다중지능 교육

내게는 어떤 재능이 있을까?

캐시 코크 지음
김태곤 옮김

AM I SMART? ✗
나 똑똑해요?
나 재능이 있어요?
⋮

HOW AM I SMART?
난 어떻게 똑똑해요?
난 어떤 재능이 있어요?
⋮

생명의말씀사

HOW AM I SMART?
by Dr. Kathy Koch

This book was first published in the United States by Moody Publishers,
820 N. LaSalle Blvd., Chicago, IL, 60610,
with the title How Am I Smart?
Copyright © 2007 by Kathy Koch.
All rights reserved.

Korean Edition published by Word of Life Press, Seoul 2009
Translated by permission.
Printed in Korea.

다중지능 교육
내게는 어떤 재능이 있을까?

ⓒ 생명의말씀사 2009

2009년 6월 5일 1판 1쇄 발행

펴 낸 이	김창영
펴 낸 곳	생명의말씀사
등 록	1962. 1. 10. No.300-1962-1
주 소	110-101 서울 종로구 송월동 32-43
전 화	(02)738-6555(본사), (02)3159-7979(영업부)
팩 스	(02)739-3824(본사), 080-022-8585(영업부)
기획편집	김정옥, 윤나영
디 자 인	박인선
제 작	신기원, 오인선, 홍경민
마 케 팅	이지은, 선승희, 박혜은
영 업	박재동, 김창덕, 김규태, 이성빈, 김덕현, 황성수
인 쇄	영진문원
제 본	정문바인텍

ISBN 978-89-04-12136-6

저작권자의 허락없이 이 책의 일부 또는 전체를
무단 복제, 전재, 발췌하면 저작권법에 의해 처벌을 받습니다.

> HOW AM I SMART?

내게는 어떤 재능이 있을까?

다중지능 교육

위대한 교사이며 나의 구주이신 예수께 이 책을 바칩니다.

그분의 가르침 사역은 오래 지속되진 않았지만 영향력은 오래도록 이어져 왔습니다. 이 영향력은 영원히 지속될 것입니다.

예수님은 선생님으로 불리셨습니다. 그분은 설교자, 교회 개척자, 복음전도자로 불리지 않으셨고, 목수로도 불리지 않으셨습니다.

위대한 교사이신 주님이 진리를 강조하신 사실을 감사합니다. 또한 그분의 가르치시는 능력과 열정과 그 가르침의 우선순위에 대해서도 감사합니다. 그분은 이해와 적용에 대해 가르치셨습니다. 그분은 나의 교사 역할 모델이십니다. 나는 그분이 인생의 모든 재능들을 두루 고려해 가르치셨다고 믿습니다. 그리고 우리도 그럴 수 있길 바랍니다!

HoW AM I sMaRT? 머리말

"내게 재능이 있을까?" "내 재능은 어느 정도일까?" 하고 묻는 아이들이 아주 많다. 하지만 "내게 어떤 재능이 있을까?"가 더 나은 질문이다. 하나님은 모든 사람들에게 여러 가지 재능을 주셨기 때문이다. 바로 언어 재능, 논리 재능, 공간 재능, 음악 재능, 신체 재능, 자연 재능, 인간관계 재능, 자아 재능 등이다.

부모에게는 아이의 강점이 무엇인지, 어떤 것이 향상될 수 있는지, 일깨울 필요가 있는 것은 무엇인지를 파악하도록 돕는 특권이 주어졌다. 아이들이 스스로에게 다양한 능력이 있다고 믿도록 격려하는 것은 신나는 일이다. 의심이 제거되고 핑계가 사라진다. 아이들은 학교에서, 인생에서 성공할 수 있음을 깨닫게 된다.

이 책을 통해 당신은 아이의 가장 강한 지능과 가장 약한 지능을 분간할 수 있을 뿐만 아니라 그들 나름대로 탁월한 지능을 지녔음을 확신시킬 수 있다. 당신은 아이들이 8가지 지능을 가지고 어떻게 배우고 공부할 수 있는지, 어떻게 나쁜 행실을 강점으로 전환시킬 수 있는지 알게 될 것이다. 인간관계와 갈등들에 대한 통찰도 얻을 것이다.

아이가 홈스쿨, 사립학교, 기독교학교, 공립학교 어디에 속해 있든 상관없다. 아니면 아직 학교에 들어가지 않았든 이미 졸업했든 상관없다. 당신은 당신과 아이를 위한 매우 귀한 정보를 얻을 것이다. 또한 당신은 아이에 관해 파악한 내용을 교사들에게 알려줌으로써 보다 효과적인 교육이 이뤄지게 할 수 있다.

이제 금광을 캘 준비를 하라. 여기에는 소중한 광석들이 수없이 들어 있다. 부디 장래를 풍요롭게 해줄 금괴들을 많이 찾아내기를 기도한다. 아이들을 지금보다 훨씬 더 많이 칭찬하게 될 것이다.

무엇보다도 모든 아이들이 자신의 재능으로 강건해지길 기원한다.

모든 영광을 하나님께 돌린다!

How Am I sMarT?

- 머리말 6

1. 내게는 어떤 재능이 있을까? 10
- 다중지능 이해

2. 나의 핵심 욕구는 무엇일까? 30
- 다중지능은 어떻게 연관될까?

3. 언어로 생각하는 아이 44
- 언어 재능

4. 질문으로 생각하는 아이 64
- 논리 재능

5. 그림으로 생각하는 아이 88
- 그림 재능

CONTENTS

6. 리듬과 멜로디로 생각하는 아이 114
   • 음악 재능

7. 움직임과 감촉으로 생각하는 아이 136
   • 신체 재능

8. 패턴들로 생각하는 아이 160
   • 자연 재능

9. 인간관계로 생각하는 아이 182
   • 인간관계 재능

10. 깊이 생각하는 아이 204
    • 자아 재능

- 결론 226
- 자주 제기되는 질문들 228

HOW AM I SMART?

 chapter 1.

내게는 어떤 재능이 있을까?

다중지능 이해

　그레이스와 멜로디는[1] 발레를 좋아해서 종종 집에서도 마음에 떠오르는 음악에 맞추어 춤을 춘다. 두 소녀는 드레스 입는 것도 좋아한다. 공주나 발레리나들이 드레스를 입기 때문이다. 또한 춤을 추며 빙빙 도는 자신의 모습을 좋아한다.

　두 소녀의 엄마 안나와 나는 만일 디즈니 만화 속 공주들이나 바비 인형으로 게임을 만든다면 그레이스와 멜로디가(세 살과 네 살에 불과하지만) 누구보다 잘할 거라는 농담을 하곤 한다. 두 아이는 디즈니 공주들과 바비 인형에 대한 비디오들을 보고 또 보며 대사까지 외운다. 때로는 자기들이 신데렐라, 아리엘, 오데뜨인 양 행동하기도 한다.

---

[1] 우리 가족과 셀리브레이트사 직원들 외에는 모두 가명을 사용했다.

하나님은 이 비디오들을 이용해 멜로디와 그레이스의 8가지 지능(재능) 중 적어도 3가지(음악 재능, 그림 재능, 신체 재능)를 일깨워 주셨다.

'호두까기 인형'과 '백조의 호수'의 바비 개작본들처럼 여자아이들이 즐겨 보는 비디오들 중 상당수에는 뛰어난 관현악단들이 연주한 클래식 음악이 들어 있다. 매우 어린 시기에 멋진 조화를 이룬 여러 악기들의 연주를 들음으로써 그들의 음악 지능이 일깨워졌다.

그 비디오들은 시각적 효과도 크다. 빠르게 움직이는 화면이 생동감 넘치는 색상들을 보여 주고, 여자아이들의 창의성과 상상력을 자극하며 그들의 그림 지능을 일깨운다.

멜로디와 그레이스는 비디오에서 춤추는 사람들을 따라 춤을 추었다. 거실에서 빙빙 돌고 껑충 뛰면서 아이들은 자신의 몸동작에 대해 이해했다. 이로 인해 신체 지능이 활성화되었다.

두 아이의 부모는 거기서 그치지 않고 춤과 음악에 대한 딸들의 관심을 살려주었다. 아이들의 음악, 신체, 그림 재능은 더욱 강화되고 훈련되었다.

엄마의 예배 CD들도 아이들의 음악 재능을 개발하는 데 영향을 미쳤다. 아이들은 역동적인 예배 프로그램이 있는 교회에 다니며 거기서도 음악을 접한다. 안나는 예배팀 일원이므로 딸들은 엄마의 찬양 소리를 들으며 이따금 엄마의 오보에와 색소폰 연주도 듣는다. 그 집 거실에는 피아노가 있고, 아이들은 좀더 크면 피아노 레슨을 받을 것을 알고 있다. 저녁식사에 초대받아 그 집에 갔을 때에도 우리는 '기도'라는 곡을 함께 불렀다. 그 가정에는 음악이 풍성했다. 음악은 안나와 남편 윌에게 매우 중요한 것이다.

그레이스와 멜로디의 그림 재능은 안나와 윌이 구입해 준 백지, 크레용, 창의적인 색칠공부책들을 통해 더욱 촉진되었다. 이 아이들은 무엇을 그릴까? 물론 춤추는 공주들이다. 멜로디와 그레이스가 더 자라 '눈-손 협응력'이 커지면 그림 재능도 더욱 향상될 것이다. 중요한 것은 관심을 보이는 것부터 시작하는 것이다. 이 아이들은 그림 재능을 발달시키는 활동에 많은 관심을 보인다.

멜로디와 그레이스의 신체 재능 강화를 돕기 위해 안나와 윌은 아이들을 댄스 교습소에 등록시켰다. 이 지혜로운 결정은 비디오 시청을 통해 유발된 발레에 대한 아이들의 관심을 존중한 것이었다. 일주일에 한 번씩 두 아이는 교습소에 간다. 교습소에 다니면서 두 아이의 균형감각과 협응기능이 향상되고 있으며, 아이들은 구체적인 댄스 자세와 스텝을 배우며 춤을 더욱더 즐기고 있다.

나는 멜로디와 그레이스의 첫 발표회에 참석했다. 부푼 벨벳 소매에 짧은 스커트를 입은 아이들의 모습은 정말 멋졌다. 두 아이는 관중을 보다가 차례가 되자 바로 옆의 아이와 시선을 맞추고 댄스에 몰입했다. 초보자로서는 완벽했다. 그레이스와 멜로디는 집에서도 발레복을 입는 걸 좋아했다. 그들은 교습을 계속 받을 계획이다.

그 발표회에서 공연한 십대 중에는 댄스에 더욱 집중하기로 결심한 아이들도 있었다. 그들은 여러 해 동안 레슨을 받으며 신체 재능과 음악 재능을 훈련해 왔으며, 매우 소질이 있었다. 특히 한 아이가 인상적이었다. 그 아이는 다른 아이들에 비해 음악 재능이 월등해 보였다. 다른 아이들도 박자에 맞춰 춤을 췄지만, 그 아이는 음악을 '느끼는' 것 같았다. 그 아이는 표정과 팔동작으로 곡의 정서를 잘 표현했다. 8가지 지능이 개별적으로 작용하는 경우는 드물며, 이는 그 아이의 예를 통해서도 분명히 드러났다. 그 아이의 음악 재능이 신체 재능을 증진시켰다.

멜로디와 그레이스는 오래도록 댄스를 가까이하고 공주처럼 행세했다. 언젠가는 다른 것들이 그 아이들의 관심을 끌 것이다. 댄스와 공주의 세계가 뒷전으로 밀려날 수도 있고, 다른 관심사들이 생겨나는 동안 이 관심사들이 지속될 수도 있다. 어떤 아이들은 한 가지에 집중하는 반면, 다양하게 관심사들을 넓히는 아이들도 있다. 아이들이 부모의 꿈이 아니라 자신의 꿈을 추구하며 만족하는 한 어떤 접근법도 그릇된 것이 아니다.

당신의 아이가 축구, 비디오 게임, 수학, 독서 등 어떤 것에 빠져들지는 모른다. 아이들이 하나님의 계획에 따른 자신만의 열정을 발견할 수 있도록 다양한 활동을 접하게 하는 것이 중요하다. 사려 깊은 부모는 자녀의 재능 개발을 돕는다.

다중지능이란 무엇인가?

하버드대학교의 하워드 가드너 박사는 다중지능 이론의 시조로 간주된다. 이 주제에 관한 그의 책은 1983년 처음 출간되었다. 이전 동료인 톰 암스트롱 박사를 비롯한 다른 사람들은 가드너 박사의 글을 보다 대중적이며 덜 학구적인 문투로 바꾸어 책을 썼다. 이를테면, 본문에 실린 도표들에서 암스트롱 박사가 붙인 명칭들이 더 이해하기 쉽다. 따라서 본서에서는 그것을 사용할 것이다.

8가지 지능

암스트롱 박사	가드너 박사
언어 재능	언어 지능
논리 재능	논리수학 지능
그림 재능	공간 지능
음악 재능	음악 지능
신체 재능	신체운동 지능
자연 재능	자연탐구 지능
인간관계 재능	대인관계 지능
자아 재능	자기성찰 지능

가드너 박사는 누구나 이 8가지 지능 모두를 지니고 태어난다고 결

론지었다.[2] 누구나 이 지능들을 갖고 태어나지만, 각각을 일깨워 주어야 한다. 지능의 근원에 대해 가르칠 때 나는 '자연'nature : 부모에게 물려받은 유전적 기질과 '양육' nurture : 발달에 영향을 미치는 다양한 경험과 태도들이라는 단어를 주로 사용한다. 하나님은 모든 사람에게 8가지 지능을 선물로 주셨다. 그분은 우리의 유전자를 독특하게 결합시키셨고, 다양한 지능을 우리가 개발하기를 원하신다. 가드너 박사는 그 개념을 이렇게 설명한다. "나는 '물려받은 것과 습득된 것'으로 나누는 이분법을 거부한다. 그 대신 임신 순간부터 시작되는 유전적 요인과 환경적 요인 간의 상호작용을 강조한다."[3]

불행하게도 죄가 세상에 들어온 까닭에 자신의 지능을 개발하지 못하는 아이들이 있다. 질병이 그 원인일 것이다. 이를테면 21세인 메리는 신체적으로나 정신적으로 심각한 장애 상태여서 2개월 된 아기 정도의 역량을 지녔을 뿐이다. 하지만 메리의 어머니 미키는 딸의 가장 강한 지능이 음악 지능과 인간관계 지능인 것을 발견하고 몹시 기뻐했다. 메리의 부모, 여동생, 교사들, 도우미들의 양육 덕분에 메리에게 변화가 일어나고 있다. 매우 제한적이긴 하지만 메리는 음악과 주변 사람들에게 반응을 보인다. 예를 들어, 간호사 채용 여부를 결정할 때

---

[2] 기술이나 소질과 대조되는 표현으로서의 '지능'에 포함시키는 가드너 박사의 기준에 대해 알고 싶다면, 그의 1993년판 저서 *Frames of Mind: The Theory of Multiple Intelligences* Tenth-Anniversary Edition (London: Fontana Press), 62-67을 참조하라.

[3] H. Gardner, "Reflections on Multiple Intelligences : Myths and Messages," *Phi Delta Kappan* 77 no. 3 (1995): 203.

메리의 부모는 메리의 재빠른 평가를 활용하는 법을 배웠다. 메리는 간호사가 마음에 들지 않으면 엄마에게 특정한 눈짓을 보내며, 미키는 그것을 알아챈다.

훌륭한 양육 경험과 태도가 결여될 경우에도 아이의 지능 개발이 지체될 수 있다. 아이가 부모의 무관심이나 부재, 가난, 학대, 혹은 제대로 된 양육을 가로막는 다른 여러 요인들 속에서 자랄 경우, 그의 지능들이 평생 휴면 상태에 머물 수도 있다.

메리의 부모처럼 자녀의 재능들을 키우도록 도울 때, 당신은 자녀의 잠재력을 온전히 개발하는 과정에 하나님과 협력하게 된다. 어떤 지능들이 강화될지, 어떤 지능들이 전혀 개발될 수 없을지, 어떤 지능들이 정체 상태에 빠질지를 자연과 양육이 함께 결정한다.

아이의 재능들을 빨리 일깨울수록 강점으로 개발될 가능성이 크다. 물론 재능을 개발할 수 없을 정도로 너무 늦은 경우는 없다. 특정한 지능은 개발을 늦게 시작할 경우 강점으로 부각되기 힘들 수도 있지만, 어떤 재능이든 개선과 집중과 훈련의 가능성은 항상 열려 있다. 더욱이 일단 일깨워지고 확장되면 그 재능은 결코 이전 상태로 돌아가지 않는다. 풍선을 생각해 보라. 당신은 풍선이 사용된 적이 있는지 대번에 알 수 있다. 지능도 마찬가지이다. 이전에 나는 비올라를 연주했던 적이 있다. 따라서 나는 그 악기를 한번도 다뤄 본 적이 없는 사람에 비해 비올라 연주법을 더 쉽게 배울 수 있다.

한번에 한 재능만 의존하는 건 아니다. 이를테면 읽기 위해 언어 재능을 사용할 때 많은 사람들은 자신이 읽는 내용과 관련된 물음에 답하기 위해 논리 재능을 함께 사용할 것이다. 또한 읽는 내용을 시각적 이미지로 만들기 위해 그림 재능도 사용할 수 있다. 체스 게임에서는 그림 재능과 논리 재능을 사용한다. 골프를 칠 경우에는 이들 두 가지에 신체 재능이 추가되며 어쩌면 자연 재능도 추가될 것이다.

재능들이 늘 함께 작용하지만, 본서의 목적상 나는 '음악 재능 아이' 또는 '인간관계 재능 아이' 라는 식으로 언급할 것이다. 이것은 이 아이들이 다른 7가지 지능을 전혀 갖지 못했다는 뜻이 아니다.[4] 다만 독자의 이해를 돕기 위해 그 특성들 각각을 분리시켜 설명할 뿐이다.

다중지능 이해로 어떻게 아이들을 도울 수 있을까?

당신의 아이가 자신의 재능에 대해 의문을 품을 수도 있다. (누구나 자신의 재능에 대해 의문을 품은 적이 있을 것이다.) 당신의 아이가 "내게 재능이 있나요?"라고 묻지 않더라도 "나의 재능은 어느 정도인가요?" 하고 물었던 적은 있을 것이다. 당신의 아이가 자신이 바라는 만큼의 재능을 지니지 못했다고 생각해 낙심한 적이 있을까? 아마 당신도 때로는 그

---

[4] 본서에서 나는 아이들과 십대들 전체를 가리키기 위해 '아이' 라는 표현을 사용한다. 십대와만 관련될 경우에는 '십대' 라는 표현을, 어린아이들과만 관련될 경우에는 '어린아이' 라는 표현을 사용할 것이다.

런 낙심에 빠질 것이다.

8가지 지능에 대해 배우는 이유 중 하나는 당신의 아이가 얼마나 재능 있는 존재들인지 발견하기 위함이다. 우리 한 사람 한 사람을 지으시기 위한 하나님의 독특한 설계 방식을 알면, 자녀에게는 물론이고 우리 자신에게도 큰 격려와 영감이 될 수 있다. 질문은 지능(재능)의 양에 대한 것("내 재능은 어느 정도일까?")으로부터 어떤 지능들("내게는 어떤 재능이 있을까?")을 지니고 있는지, 그것들을 어떻게 사용할지("내 재능들을 어떻게 발휘할 수 있을까?")에 대한 것으로 바뀐다.

다중지능 이해는 자녀의 성적 향상으로 연결될 수도 있다. 다중지능으로 공부할 때 아이들은 무엇을 배우고 있는지 더 잘 이해할 수 있다. 배운 것을 더 오래 기억할 것이고, 보다 정확하게 적용할 것이며, 장래를 더욱 낙관할 것이다. 다중지능을 성공적으로 적용하면 "내게는 어떤 재능이 있을까?"라는 물음에 대한 답이 보강될 것이다.

나는 아이들에게 언어, 논리, 그림, 음악, 신체, 자연, 인간관계, 자아라는 8가지 재능이 있음을 이해시키는 일을 즐긴다. 하지만 어떤 아이들은 처음에는 내 말을 잘 믿지 못한다. 그들은 자신의 지능에 대해 의심한다. 어쩌면 학교 생활이 그들에게 힘들 수도 있다. 미련하다는 말을 자주 들었을 수도 있고, A를 받은 경험이 적을 수도 있다. 무엇인가가 혹은 누군가가 그들로 하여금 재능이 없다고 믿도록 만들었다.

내가 지능들을 하나씩 설명해 주면 아이들은 그제서야 내가 제시하는 증거를 믿기 시작한다. 아이들은 옆 친구를 팔꿈치로 찌르면서 "내가 그래!" 하고 말한다. 종종 과거의 상처와 현재의 의심이 치유되기도 한다. 아이들의 마음이 편안해진다. 수업이 끝날 때쯤 자신의 지능들 중 가장 두드러지는 것 4가지를 말해 보라고 하면 어떤 것을 먼저 말해야 할지 고민하는 아이들이 많다. 불과 1시간 전만 해도 자신에게 재능이 없다고 생각하던 아이들이 4가지를 어떻게 고를까 고민하는 모습을 보는 건 정말 기쁘다.

아이들이 8가지 지능을 모두 활용할 수 있다는 것을 이해하게 돕는 것도 즐거운 일이다. 뭔가를 배울 때마다 8가지 지능을 다 활용해야 하는 건 아니다. 하지만 여러 가지 활동과 과제들을 위해 어떤 지능들을 활용할지 선택하는 법을 배울 수 있다. 교사들이 다양한 지능들을 활용하는 것도 바람직할 것이다. 물론 자녀의 숙제나 시험공부를 도울 때에도 다양한 지능들을 활용할 수 있다. (3-10장에서 이와 관련된 여러 가지 아이디어들을 소개한다.)

다중지능은 아이들이 자신에게 다양한 재능이 있다는 것을 이해하도록 돕는 데서 그치지 않는다. 지능의 특성들은 특정 유형의 문제에 쉽게 빠지는 아이들을 이해하는 데에도 도움이 된다. 예를 들어 그림 재능 아이들은 그리기와 만들기를 좋아한다. 그래서 탁자 위에 올려둔 당신의 보고서에 색칠할 수도 있다. 논리 재능 아이들은 스스로 무엇인가를 탐구하길 좋아한다. 그래서 관심을 끄는 것을 조사하기 위해 갑자기 시야에서 사라질 수도 있다. 자신을 곤경에 처하게 만드는 행동의 원인을 이해하는 아이들은 변화되기가 더 쉽다. 또한 아이들은 자신의 재능들을 다른 방식으로 활용하거나 자제하기만 하면 자신의 행동을 개선시킬 수도 있음을 알고서 용기를 얻을 것이다. 그들은 자신의 재능을 십분 활용할 필요가 있다.

최근 동역자 중 한 명이 이 주제에 관한 내 강연을 들었다. 그녀는 열 살짜리 손자를 새롭고 긍정적인 시각으로 보기 시작했다. 사촌들과 반친구들과 교사들을 종종 괴롭혔던 손자의 행동이 뛰어난 신체 재능과 논리 재능 때문이라는 사실을 깨달았기 때문이다.

그날 밤 그녀는 배운 내용을 손자에게 설명했으며, 신체 재능과 논리 재능이 탁월하다는 사실을 인정하는지 아이에게 물어보았다. 자신이 이 두 가지 재능이 특출함을 알게 되자 아이의 얼굴이 환해졌다. 다음 날 사무실에서 그녀는 손자가 그날 아침 다른 모습을 보여 주었다면서 환하게 미소 지었다. 그녀가 내린 결론은 의미심장했다.

"상대방을 이해하면 그에게 변화가 일어나지 않겠어요?"

정말 그렇다!

나는 아이들이 어리석은 쪽을 택할 수도 있지만 그건 하나님의 계획이 아니라고 가르친다. 재능을 발휘하는 건 선택이다. 어리석게 되는 것도 마찬가지이다. 아이들은 자신의 재능들을 활용하지 않거나, 그것들로 인해 문제에 봉착하거나, 그것들을 악한 목적에 활용하는 쪽을 선택할 수 있다. 물론 그런 선택은 어리석다.

종종 나는 젊은이들에게 세상의 수많은 죄악들이 재능은 있되 어리석은 사람들에 의해 자행된다는 점을 가르친다. 9.11 테러를 저지른 자들이 극단적 예이다. 그들이 공항 보안 시스템을 통과하고 납치할 비행기를 선택하고 그 비행기 조종실로 들어가기 위해서는 무엇보다 논리 재능이 필요했다. 또한 그들은 신체 재능도 지녔을 것이다. 그들은 이 재능들을 악한 목적으로 사용했다.

물론 이것은 극단적 사례이다. 요점은 우리가 재능들을 활용할 때 줄곧 선택한다는 것이다. 학교나 교회에서 내가 경험한 바로는, 아이들이 일으키는 문제들 중 상당수는 자신의 힘을 부적절하게 사용한 결과이다. 아이들이 어리석고 악한 모습을 보이는 것은 불가피한 일이 아니라 자제력이나 자존감 또는 다른 이들을 존중하는 마음을 배우지 못했기 때문이다. 아이들이(그리고 어른들이) 재능들을 선용하려면 이런 덕목들이 필수적이다.

만일 당신의 아들이 할머니의 애기 상대가 되어 드리라는 당부를 듣고도 책에서 눈을 떼지 못한다면 언어 재능이 뛰어날 수도 있다. 당신의 딸이 순종하기보다는 늘 "왜요?" 하고 묻는가? 논리 재능이 뛰어날 수 있다. 당신의 딸이 노트 내용을 공부하기보다는 노트에 온통 낙서를 하는가? 그림 재능이 뛰어난 아이일 수 있다. 당신의 아들이 줄곧 콧노래와 손가락 장단으로 거슬리게 하는가? 음악 재능 아이일 수 있다. 당신의 자녀가 부단히 움직이며 아무거나 만지는가? 신체 재능 아이일 수 있다. 당신의 딸이 고양이들에게 너무 많은 관심을 보여서 숙제를 못할 정도인가? 그 아이는 자연 재능이 뛰어날 수 있다. 당신의 아들이 자신의 발상에 대한 당신의 생각을 알고 싶어서 줄곧 당신을 귀찮게 하는가? 인간관계 재능 아이일 수 있다. 당신의 딸이 많은 시간을 혼자 보내는가? 그 아이는 자아 재능이 뛰어날 수 있다.

다중지능이 중요한 또 다른 이유는 하나님이 우리의 핵심 요구들을 채워 주시기 위해 그것들을 활용하실 수 있기 때문이다. 다음 장에서 설명하겠지만, 하나님은 우리에게 안전, 정체성, 소속, 목적, 역량을 추구하는 욕구를 주셨다. 당신은 자녀들이 이 욕구들을 표현하는 다음 물음들에 건전하게 답하길 원하는가?

- 내가 누구를 신뢰할 수 있을까?
- 나는 누구인가?
- 누가 나를 원할까?
- 내가 사는 이유는 무엇인가?
- 내가 잘하는 건 무엇일까?

자녀들에게 두드러지는 지능들이 무엇인지 그리고 그것들을 어떻게 사용하는지 알아내면 이 5가지 근본 욕구들을 채우도록 도와줄 수 있다. 이 욕구들이 채워질 때 아이들은 만족과 평안과 순종을 더 쉽게 경험할 것이다.

아이의 특별한 재능을 어떻게 알 수 있을까?

각 지능에는 내가 '영재성의 위계'라고 부르는 것이 있다. 앞에서 설명했듯이, 8가지 지능에 대한 잠재력은 자연과 양육에 달려 있다. (하지만 아이들은 8가지 지능 모두를 어느 정도씩 지니고 있다.) 예를 들어, 하나님이 당신의 아이에게 논리 재능을 강화시키셨을 수 있다. 어쩌면 당신은 이전에는 미처 알아차리지 못했지만 논리 재능을 다루는 장에 언급된 사항들을 아이에게서 발견할 때 그것을 알았을 것이다. 아니면 퍼즐 놀이에 많은 관심을 보이는 어린 아들의 모습을 보고서(자연), 아이를 위해 그것과 관련되는 경험으로 유도했을 것이다(양육). 혹은 아이의 관심으로 인해 아이 자신이 나름대로 경험을 쌓아 가고 당신은 단지 뒷바라지만 했을 수도 있다. 이런 경험과 상호작용들로 인해 아이의 논리 재능이 더욱 강화된다.

뿐만 아니라 논리 재능 부분을 보면서 당신의 아이들 중 이 재능을 일깨울 필요가 있는 아이가 누군지 알게 될 것이다. 중간 정도의 논리 재능을 지닌 아이도 찾을 수 있을 것이다. 그 결과, 아이들의 논리 재능을 강화하기 위해 어떤 활동을 장려할 것인지 결정할 것이다.

나는 아이들을 비교하는 걸 좋아하지 않는다. "내게 재능이 있을까?"와 "나의 재능은 어느 정도일까?"라는 물음을 싫어하는 이유 중 하나도 바로 이 때문이다. 비교를 통해 자신에 대해 좋은 감정을 갖는 아이들도 있고 나쁜 감정을 갖는 아이들도 있다. 어떤 부모들은 자신의 아이를 다른 아이들과 비교하고서 흡족해 하는가 하면, 자녀의 능력에 대해 아무도 묻지 않기를 바라는 부모들도 있다.

그러나 건전한 비교도 있다. 예를 들어 아이들이 이전의 자신과 현재의 자신을 비교하는 것은 매우 유익할 수 있다. 아이들이 내 프로그램에 처음 참석했을 때보다 프로그램이 끝났을 때 더욱 자신을 재능 있는 존재로 여긴다면 그것은 좋은 일이다. 그들이 하나 이상의 재능들을 사용해 공부할 때, 한 가지 재능으로 공부했을 때보다 큰 능력을 발휘한다.

창조주와 자신을 특별히 비교하는 것은 매우 중요한 일이다. 말하자면 이런 식이다. "하나님은 나보다 더 능력이 많으시다." 영리한 아이들은 하나님이 언제나 자신보다 더 능력이 많으시다는 것을 안다. 게다가 자신에게는 능력의 하나님이 필요하다는 것도 안다. 나는 아이들에게 하나님이 그들을 꼭두각시로 만드실 수도 있었다는 것을 알려 준다. 하지만 하나님은 아이들에게 8가지 지능을 주셨고, 그것들을 유용하게 쓰라고 맡기셨다. 이 사실 앞에 우리는 겸손해진다.

자녀를 유심히 살펴서 두드러지는 재능들과 그렇지 않은 재능들을 분간해야 한다. 자녀를 관찰하고 그들의 말을 듣기 위해서는 반드시 함께하는 시간을 가져야 한다. 이를 통해 아이들의 강점과 약점이 드러날 것이며, 다음 물음들에 대한 답도 찾을 수 있을 것이다.

- 그 아이들에게 쉬운 / 어려운 건 무엇인가?
- 그 아이들이 꺼려하는 / 관심을 보이는 일은 무엇인가?
- 그 아이들이 여가 시간에 하는 일은 무엇인가?
- 그 아이들은 어떤 놀이를 하는가? / 어떻게 노는가?
- 그 아이들이 잘 적응하는 / 적응 못하는 수업은 어떤 것들인가?
- 그 아이들에게 기쁨을 주는 / 곤혹스럽게 하는 건 무엇인가?
- 그 아이들의 어떤 점이 나의 관심을 자극하는가?

다중지능에 대해 가르치다 보면 아이들의 강점과 약점을 파악하는 데 도움이 된다. 세부 설명에 대해 아이들이 어떤 반응을 보이는지 파악하고 아이들의 호기심을 유발하는 것이 무엇인지 알 수 있다. 아이들에게 강점이 무엇인지 물어보라. 종종 아이들은 이 질문에 대답하며 증거를 제시하기도 한다. 아이들은 자신에게 가장 부족한 재능이 무엇인지도 쉽게 얘기한다. (10장에서 살펴보겠지만, 자아 재능이 부족한 아이들은 이 같은 자기 분석이 힘들 것이다.)

특정 지능을 다루는 각 장은 다음 페이지에 제시한 것과 같은 도표로 마칠 것이다. 내가 제공한 정보와 당신이 아이들에 관해 아는 바를 고려해 아이들의 이름을 사분면 중 적절한 곳에 써넣으라. 당신의 이름도 써넣을 수 있다. 도표를 통해 알 수 있듯이, 당신은 각 재능에 대해 능력과 흥미 두 가지를 고려할 것이다. 이를테면, 디프 가족의 음악 재능 샘플에 의하면 다음과 같은 결론을 얻을 수 있다.

- 래트라이스의 부모는 딸의 능력과 흥미가 높은 걸로 판단했다. 분명 딸은 음악 재능이 있고 그 능력을 활용하는 걸 즐긴다.
- 코리는 흥미는 높지만 능력은 낮다. 능력은 부족해도 흥미가 있다는 것이 고무적이지만, 능력이 나아지지 않으면 흥미도 결국 시들해질 수 있다. 따라서 부모가 개입해야 한다. 개인 교습을 받게 하거나 연습 시간을 활용하도록 도와야 할 것이다.
- 저스틴은 반대로 능력은 높지만 흥미는 낮다. 그에게는 코리와는 다른 방식의 개입이 필요하다. 그에게 다양한 음악을 선택하도록 허용할 때 흥미가 높아질 수도 있다. 전문 콘서트에 가서 세련된 연주자들을 보고 음악을 듣게 해준다면 다시 악기에 열중할 수도 있다.
- 켈리는 흥미와 능력 둘 다 낮은 걸로 판단되었다. 이 아이는 세 살에 불과하기 때문에 염려할 필요가 없다. 켈리가 가족 전통과는 달리 노래에 관심을 보이지 않자 부모는 다소 놀랐다. 하지만 아이의 다른 지능들이 잘 발달하고 있는 걸로 보여서 위안을 얻었다. 그들은 어떤 스타일의 음악이 켈리의 관심을 끄는지 알아보기 위해 한두 달 동안 유심히 지켜볼 것이다. 아이의 관심

을 끄는 음악 스타일이 있다면 그것을 충분히 활용할 생각이다. 한편 만일 켈리가 학교 성적과 직결되는 언어 재능이나 논리 재능 면에서 뛰어나다면 부모는 그 방향으로 가도록 도와주어야 할 것이다.

- 부모는 둘 다 코리와 비슷해 흥미는 많지만 능력은 별로이다.
(그들이 젊었을 때는 높은 능력과 높은 흥미를 지녔을 수도 있지만 지금은 그렇지 않다.)

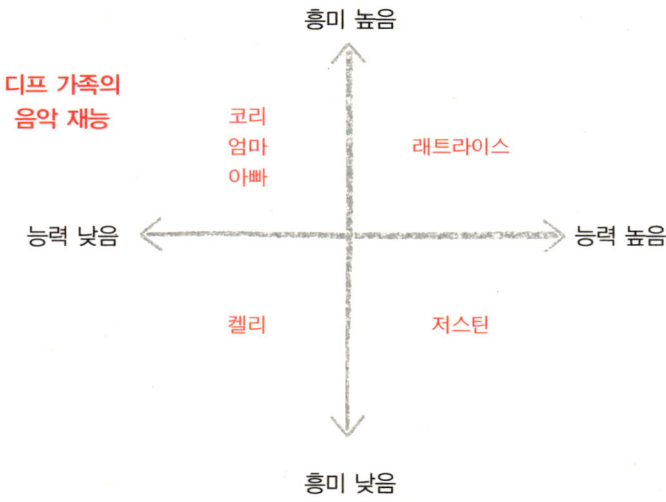

이런 도표가 가족 내의 갈등의 원인을 설명해 줄 수 있다. 예를 들어 언어 재능을 생각해 보자. 당신과 장남이 정반대의 사분면에 속할 수도 있다. 당신은 높은 능력과 높은 흥미를 지닌 반면, 아들은 능력과 흥미 둘 다 낮다. 아들이 당신처럼 쉽게 혹은 분명하게 표현하지 못할 때 당신이 화를 내는 것은 바로 이 때문일 것이다.

자연 재능에 있어 딸이 높은 능력과 높은 흥미를 지닌 반면, 당신은 둘 다 별로일 수도 있다. 당신이 토요일에 아이와 함께 할 일을 결정하기 힘든 이유, 당신이 싫어함에도 불구하고 아이 방에 솔방울과 도토리들이 가득 쌓여 있는 이유, 당신과는 달리 아이가 구름을 좋아하는 이유도 바로 이런 차이 때문일 수 있다.

자녀의 다중지능을 일깨우고 강화하고 훈련시키는 것은 그들이 하나님께서 의도하신 특별한 존재가 되도록 돕는 중요한 방법이다. 자녀의 열정과 잠재력을 분별해 양육하면, 아이들이 가족과 지역 사회와 교회와 역사 속에서 하나님께 받은 소임을 완수하도록 도울 수 있다. 이것은 부모의 중대한 책임이다!

다음 장에서는 아이들의 5가지 핵심 욕구, 그리고 8가지 지능을 다루는 각 장들을 이 욕구들과 연관시킨 이유를 설명할 것이다. 또한 '마비'와 '결정화'라는 두 가지 중요한 개념을 소개할 것이다. 당신은 후자를 촉진하는 법과 전자를 막는 법을 배우게 될 것이다.

HOW AM I SMART?

chapter 2.

나의 핵심 욕구는 무엇일까?

다중지능은 어떻게 연관될까?

나는 지금까지 수많은 부모와 교사, 어린이와 십대들에게 다중지능을 가르쳐 왔다. 내가 그들의 가장 큰 강점이 되는 재능에 대해 말하기 시작할 때 그들의 얼굴에 나타나는 표정은 언제 보아도 흥미롭다. 그들은 벌떡 일어나 환하게 웃는다. 눈썹을 치켜 올리며 온몸의 긴장을 푼다. 자신의 재능을 자각할 때 사람들은 큰 위안을 느끼는 것 같다.

또한 내 메시지를 듣는 가족 구성원, 교사, 학생, 친구들의 반응도 정말 흥미롭다. 내 얘기에 공감하는 부모와 자녀들은 서로 팔꿈치로 쿡쿡 찌르며 미소를 지었다. 친구들은 서로 바라보며 진지하게 동감의 뜻을 피력했다. 내가 사제 관계나 재능상의 강점들에 대한 이야기를 할 때면, 학생들은 교사들을 슬쩍 바라본다. 때로는 강점으로 인해 문제에 직면하기도 한다는 설명을 들으면, 교사들은 특정 아이들을 슬며시 본다. 내 설명에 공감하는 아이들이 미소를 지으며 더욱 집중하는 모습을 보이기도 한다.

우리 회사의 임직원들과 강연자들은 중학생들과 고등학생들에게 다중지능에 대해 가르쳐 왔다. 십대들을 알코올, 마약, 담배로부터 벗어나게 하고 또한 결혼 전에 성관계를 갖지 않도록 가르치는 것이 우리의 공립학교 교육 프로그램의 일부이다.

십대들은 여러 가지 면에서 자신이 얼마나 재능이 많은 사람인지를 스스로 깨달을 때 지혜로운 선택을 할 수 있는 자신의 능력을 더 많이 신뢰한다. 자신의 다중지능에 대한 믿음은 십대들로 하여금 알코올, 마약, 담배, 혼전 성관계 등으로 인한 부정적 결과들을 미리 피하게 만든다. 다중지능에 대한 이해가 참으로 긍정적인 효력을 발휘하는 것이다.

우리의 예방 프로그램은 십대들의 핵심적이고 기본적인 욕구들을 건전하게 채우도록 돕기 위한 것이기도 하다. 이것 역시 강력한 가르침이며, 다중지능과 직접적인 연관을 맺고 있다.

우리의 핵심 욕구는 무엇이며 왜 중요한가?

하나님은 우리 모두를 다음 질문들로 표현되는 5가지 기본 욕구를 지닌 존재로 지으셨다.

1. 안전 : "내가 누구를 신뢰할 수 있을까?"
2. 정체성 : "나는 누구인가?"
3. 소속 : "누가 나를 원할까?"
4. 목적 : "내가 사는 이유는 무엇인가?"
5. 역량 : "내가 잘하는 건 무엇일까?"

나의 첫 책에서 설명했듯이,[1] 하나님께서 우리에게 이 욕구들을 주셨기 때문에 그분으로 하여금 이 욕구들을 채우시게 하는 것이 최선이다. 하나님은 온전히 믿을 만한 분이시기 때문에, 우리는 우리의 안전을 그분께 의탁할 수 있다. 그럴 때 우리의 정체성이 그분 안에서 발견된다.

이를테면 우리는 믿음으로 구원과 죄사함을 받았고, 그리스도 안에서 완전하며, 무조건적 사랑을 받는다. 곧 우리는 영원히 하나님께 속했고, 우리의 목적은 그분을 영화롭게 하는 것이며, 우리의 역량은 그분이 누구신지, 그분이 우리를 위해 무슨 일을 하시는지, 그분이 우리에게 주신 것이 무엇인지에서 발견된다.

---

[1] 5가지 핵심 욕구에 대해 상세히 알고 싶다면 나의 첫 책을 읽기 바란다. *Finding Authentic Hope and Wholeness: 5 Questions That Will Change Your Life* (Chicago: Moody, 2005).

이 욕구들은 반드시 채워져야 한다. 만일 아이들이 이 욕구들을 건전한 방법으로 채우지 못하면 불건전한 방법으로라도 채우려 할 것이다. 예를 들어 또래 집단의 인정을 받기 위해 음주와 흡연에 빠져들 수 있다. 안전을 제공하고 소속 욕구를 채워 줄 거라는 생각에서 이성 친구와 성관계를 가질 수도 있다.

자신의 두드러지는 재능을 아는 아이들은 5가지 핵심 욕구를 건전한 방법으로 채우려 한다. (이 점에 대해서는 각 지능에 초점을 맞춘 3-10장에서 구체적으로 설명할 것이다.)

- 역량 : "내가 잘하는 건 무엇일까?"
  어떤 강점이 이 지능과 결부되어 있는지, 그것을 공부에 어떻게 활용할 수 있는지 설명한다.

- 정체성 : "나는 누구인가?"
  이 지능에 어떤 관심과 능력과 도전과 죄악이 뿌리를 내리고 있는지 설명한다.

- 목적 : "내가 사는 이유는 무엇인가?"
  이 지능이 하나님께 영광을 돌리기 위해 아이들이 택하는 방식에 어떤 영향을 미치는지 언급한다. 영적 훈련을 어떻게 실행할 것인지, 어떤 직업이 아이들의 관심을 끄는지도 설명한다.

- 소속 : "누가 나를 원할까?"

  이 지능이 대인 관계에 어떻게 영향을 미치는지 밝힌다. 이 관계에는 하나님과의 관계도 포함된다.

- 안전 : "내가 누구를 신뢰할 수 있을까?"

  이 강점을 지닌 아이들이 어떤 것들을 신뢰하는지, 자녀의 신뢰를 얻으려면 어떻게 해야 할지, 자녀가 하나님을 더욱 신뢰하도록 하려면 어떻게 해야 할지 설명한다.

우리 회사 직원들은 이 정당한 요구들이 반드시 채워져야 하며, 그렇게 하기 위한 건전한 방법과 불건전한 방법이 있음을 아이들에게 가르치는 걸 보람으로 여긴다.

8가지 재능에 의존하는 것은 건전한 방법이다. 다중지능을 활용하는 아이들은 긍정적이며 오래도록 지속되는 방법들과 건전한 사람들을 의존하는 것이 마약, 알코올, 담배, 혼전 성관계나 다른 불건전한 행위들을 찾는 것보다 훨씬 더 낫다는 사실을 깨닫게 된다.

각 장에서는 바로 앞에 언급된 순서에 따라 설명해 나간다. 왜냐하면 8가지 지능을 설명하기 위해서는 각 재능을 가진 아이들이 무엇을 잘하는지를 먼저 알아야 하기 때문이다. 그런 후에 어떻게 각 지능이 다른 4가지 핵심 욕구들을 채울 수 있도록 돕는지에 대한 분석을 시작할 수 있다.

하지만 실제에 있어 우리의 첫 번째 욕구는 안전 욕구이다. 이것은 어른들은 물론이고 아이들에게도 해당된다. 일단 우리가 누구를 신뢰할 수 있는지 정확히 알고 나면, 그 사람들이 우리의 정체성 파악에 도움이 된다. 우리의 정체성은 우리가 어떤 사람들과 관계를 맺고 싶은지를 드러내며, 종종 이 소속 관계는 우리가 자신의 목적을 어떻게 실현할 수 있는지 보여 준다. 목적의식은 역량 개발을 자극한다.

우리는 아이들에게 5가지 기본 욕구를 이런 순서로 가르친다. 아이들은 자신의 안전을 가장 먼저 확보해야 함을 알아야 한다. 누구를 신뢰하느냐가 다른 모든 것에 영향을 미치기 때문이다.

부모가 해야 할 일, 하지 말아야 할 일

유익하고 실제적인 방식으로 각 재능을 상세히 설명하고 있는 8개 장을 살펴보기 전에, 당신이 해야 할 일과 피해야 할 일을 한 가지씩 설명하고자 한다. 이것은 8가지 지능 모두와 관련이 있는 핵심 과정들이다.

재능을 결정화하기

당신의 특권 중 하나는 각 지능을 일깨워 강점으로 만들기 위해 하나님께 협력하는 것이다. 가드너는 이 같은 전환에 대해 '결정화 crystallization'라는 용어를 사용한다.[2] 결정화는 각 지능별로 여러 번

일어날 수 있으며, 그러는 것이 이상적이다.

처음에 무엇인가가 어떤 지능을 결정화해 일깨운다. 그런 후 몇 주나 몇 달 혹은 몇 년 후에 하나님이 또 다른 사람이나 생각이나 경험을 활용하셔서 그 재능을 새로이 결정화하신다. 이들을 가리켜 가드너 박사는 아이들의 재능과 능력을 개발하는 전환점이라고 지칭한다. 암스트롱 박사는 이들을 가리켜 지능들을 밝히고 그것들을 성숙하도록 돕는 불꽃이라고 말한다.[3]

종종 당신은 어떤 지능이 결정화되는 때를 알 것이다. 그런 순간의 에너지와 기쁨은 쉽게 놓칠 수 없을 것이다. 당신의 아이가 그 일에 대해(행성이나 새 친구나 과학 실험) 줄곧 얘기하거나, 그 행동을(손가락 끝으로 그림을 그리거나 새 책을 거듭 읽거나 계속 피아노를 연주하는 것) 여러 날에 걸쳐 연속적으로 반복할 수도 있다.

예를 들어, 당신의 어린 아들이 폭풍우가 지나간 후에 길에서 벌레 한 마리를 발견했다고 하자. 아이는 그 벌레를 관찰하고 만져보고 샅샅이 알고 싶어했다. 당신은 아이가 잠깐 관심을 보이는 거라 생각했을지도 모른다. 그러나 얼마나 벌레에 집중하는지 아이의 관심을 다른 곳으로 돌리기가 힘들 정도다. 하나님은 그 아이의 자연 재능을 일

---

2) J. Walters와 H. Gardner, "The Crystallizing Experience: Discovery of an Intellectual Gift," R. Sternberg와 J. Davidson이 편집한 *Conceptions of Giftedness* (New York: Cambridge Univ., 1986)에 인용됨.
3) Thomas Armstrong, *Multiple Intelligences in the Classroom*, 2nd ed. (Alexandria, VA: Association for Supervision and Curriculum Development, 2000).

깨우시기 위해 이 벌레를 사용하신 것이다. 만일 당신이 시간을 할애해 아들과 함께 벌레들을 탐구하고 웹사이트에서 정보를 수집하며 벌레들에 관한 책들을 함께 읽는다면 아이의 자연 재능을 더욱더 결정화하는 셈이다.

'길 위의 벌레가 우리 아이의 자연 재능의 문을 열었다.'

이런 식으로 생각해 보라. 당신이 아들의 질문에 대답하고 아이와 함께 벌레에 관심을 보이면 그 문이 조금 더 열린다. 더 나아가 당신이 벌레에 대한 아이의 관심을 다른 짐승들에게까지 연결시키면 그 문은 계속 열려 있을 것이다.

이것이 바로 당신이 하나님과 함께 일하는 방식이다. 하나님이 당신의 아들에게 벌레 한 마리를 주셨다. 그 상황에서 당신은 어떻게 했는가?

2005년에 강력한 허리케인이 미국의 걸프 코스트 지역을 강타했다. 그리고 불과 몇 달 후에 아시아에서는 엄청난 쓰나미가 발생해 수많은 인명 피해를 냈다. 그 결과 기상학과 이와 연관된 영역들을 자연 재능 전공하는 젊은이들이 향후 10년 동안 더 많아질 거라고 나는 생각한다. 어떤 젊은이들은 강한 바람과 홍수를 견뎌낼 수 있는 건물과 제방을 짓는 방법을 연구하려는 구체적인 목표를 가지고 논리 재능 건축학이나 공학을 그림 재능 전공할 것이다. 또 어떤 젊은이들은 자신이 본 뉴스로 인해 정부나 지역 사회의 정책 입안과 관련된 직업을 인간관계 재능과 논리재능 택할 수도 있다.

부모가 자녀의 관심이나 흥미에 제대로 반응하지 않았을 경우에는 이런 일이 일어나기 힘들 것이다. 반대로 자녀의 열정에 투자한 부모는 한 가지 이상의 재능을 결정화했을 것이다. 종종 하나님은 경험들을 제공해 당신과 아이들이 반응하게 하실 것이다. 한편, 자녀가 어떤 지능에도 관심을 보이지 않을 경우에는 결정화하는 경험들을 조성해 줄 필요가 있을 것이다.

재능을 마비시키기

자녀의 재능들을 결정화하는 일을 돕기도 해야 하지만, 그것들을 마비시키지 않도록 주의해야 한다. '마비'는 암스트롱 박사가 지능들을 억제하는 경험을 일컫는 말이다.[4]

이 같은 경험들은 종종 수치, 죄책감, 두려움, 분노로 가득 차 있다. 그런 부정적 감정들은 재능 개발을 방해한다. 당신은 아이의 재능들을 마비시키지 않아야 할 뿐 아니라, 그런 역할을 하는 사람들로부터 아이를 지켜야 한다. 극소수이긴 하지만 자녀의 지능들을 마비시키는 부모가 있다. 때로는 손상을 입은 재능이 영구적으로 억제되기도 한다. 그것은 일평생 약한 부분으로 남을 것이다. 그런가 하면, 결정화하는 경험이 그 지능을 다시 일깨우는 경우도 있다. 하나님이 제2, 제3

---

[4] Ibid.

의 기회들을 주신다는 건 참으로 고마운 사실이다.

대개 결과물그림, 에세이, 기타 과제들 등에 대한 비판과 과정글쓰기, 책이나 서류 활용법, 친구들과 대화하기 등에 대한 비판이 지능들을 마비시킬 수 있다고 생각한다. (구체적인 교정은 괜찮지만 비판은 적절하지 않다.5) 강점들신체 재능 아이의 몸동작, 언어 재능 아이의 이야기, 논리 재능 아이의 탐구 자세 등을 규칙적으로 벌할 경우에도 그 강점들을 마비시킬 수 있다. 그럴 경우 아이들은 더 이상 강점들을 사용하지 않는다.

완벽주의도 재능들을 억제할 수 있다. 탐구하고 성장하려는 마음을 허용하지 않기 때문이다. 새로운 것들을 시도하면 실수할 가능성이 있다. 그러다 보니 완벽해야 한다고 생각하면 새로운 것을 시도하는 모험을 하기 어렵다. 아이가 무언가를 시도하려 할 때 혹시 "내가 할 테니 놔둬라!" 하고 소리치지는 않는가? 이런 반응은 자녀의 창의성과 자신감을 약화시킨다. 마비 증세가 나타난다. 한때 강점이었던 아이의 재능이 더 이상 발달하지 않는다면 완벽주의가 개입하지는 않았는지 살피고서 대화와 가르침을 통해 그것을 제거하라.6)

자신의 강점이 놀림을 당할 때에도 지능들이 억제될 수 있다. 누가

---

5) 자녀 바로잡기는 쉬운 일이 아니다. 정교한 기술이 필요하다. 내 CD "Fabulous Feedback: Complimenting and Correcting Children"은 어른들의 관계에도 적용할 수 있는 실제적 도움을 준다. 회사 웹사이트 www.CelebrateKids.com에서 주문할 수 있다.
6) 나는 첫 저서인 *Finding Authentic Hope and Wholeness*에서 완벽주의의 위험을 설명했다. 만일 이 문제가 당신이나 당신의 아이와 연관된다면 그 책을 읽어 보라고 권하고 싶다.

놀리는가는 중요하지 않다. 놀림은 상처가 되고 의혹의 씨앗이 된다. 창의성이 제대로 인정받지 못할 때에도 그렇게 될 수 있다. 만일 아이들이 "그건 절대로 안 돼!" 또는 "우린 그런 식으로 해본 적이 없어."라는 말을 자주 들으면 결국 생각 자체를 아예 안하게 될 수도 있다.

혈통적, 성적 편견이 재능들을 마비시킬 수도 있다. 얼마나 불행한 일인가? 예를 들어, 내 친구 두 명은 어렸을 적에 그림 재능을 부모에게 인정받지 못했던 사실을 상세히 털어놓았다. 그로 인해 큰 혼란과 낙심과 심지어 분노마저 일어났다.

조셉은 지금도 눈치를 보며 미술과 디자인에 대한 관심을 속 시원히 털어놓지 못할 때가 더러 있다. 다행히도 그는 나를 신뢰한다. 나는 언젠가 그가 나를 미술관에 데리고 가길 바란다. 내게는 그림 재능이 별로 없다. 그래서 유럽의 멋진 도시들에서도 미술관에 가 볼 생각을 선뜻 해본 적이 없다. 하지만 조셉은 미술 작품을 이해하고 감상할 수 있도록 도와줄 수 있을 것이다.

크레이즈는 미술이 남자아이들에게는 전혀 상관없고 하찮은 것이라고 배웠다. 그는 늘 마음속으로 그림을 그리고 공상에 잠겼으며 낙서를 즐겼기 때문에 자신에게 별로 재능이 없다고 믿었다. 그의 엄마는 그가 '똑똑한 사람'이길 원했다. 그래서 그는 자신이 별로 좋아하지도 않는 수학과 회계학을 전공하도록 강요당했다.

엄마가 그의 천부적 재능을 분별하지 못하고 오히려 다른 재능을 주입하려 한다는 사실을 깨닫고서 크레이즈는 몹시 화가 났다. 그는 허비된 시간을 슬퍼하며 하나님께 지혜를 구했다. 정말 잘한 일이다!

35세에 들어섰을 때 그는 붓과 종이를 마련해 그림을 다시 시작했다. 나는 그의 그림들을 몇 점 지니고 있다. 정말 멋진 그림들이다! 비록 오랫동안 마비되어 있었지만 그의 그림 재능은 여전했다. 치유와 깊이 있는 대화가 이 재능을 결정화했다.

어떤 지능을 일깨우고 강화시키며 다듬기에 너무 늦은 때란 없다. 이 사실에 대해 하나님께 감사드리자.

당신이 어떤 아이의 지능을 마비시켰다 해도, 당신이나 다른 사람들이 그 아이가 결정화를 경험할 수 있게 해주면 마비가 풀릴 수 있다. 마비의 고통이 오래 지속되기 전에 결정화 경험이 따르는 것이 이상적이겠지만, 크레이즈의 사례에서 볼 수 있듯이 너무 늦은 때란 결코 없다. 자녀의 반응이 신속하지 않을 수도 있음을 알아야 한다. 마비 경험이 그 아이의 안전, 정체성, 소속, 목적, 역량을 적어도 부분적으로는 파괴했기 때문이다.

예를 들어, 당신이 매우 부정적인 태도로 딸을 대한다면, 그 아이는 자신의 안전 욕구를 당신에게서 채우지 않으려고 결심할 수도 있다. 그 아이의 정체성은 분명 더욱 부정적이 될 것이며, 아이는 "난 …를 할 수 없어."라는 어투를 사용할 수도 있다. 최근에 당신이 너무나 부정적이며 비판적으로 대했기 때문에 딸은 당신에게 속하길 원치 않을 수도 있다. 만일 딸이 마비된 재능으로 장래의 자신을 내다본다면, 그 아이의 목적의식은 흐릿해질 것이다. 게다가 아이는 자신의 역량이 부족하다고 믿을 것이다.

여기서 볼 수 있듯이, 핵심 욕구들에 어떤 영향이 미치는지를 자각하는 것이 손상 복구를 위해 중요하다. 만일 당신이 아이의 재능을 마비시키고 있다면(비고의적이든 고의적이든), 당신의 행위를 인정하고 사과하고 용서를 구하라. 나아가 신뢰 회복을 위해 노력하고 인내하며 자녀의 결정화 경험을 위해 당신이 할 수 있는 일을 하라. 무엇보다 당신은 기도할 수 있다.

이제부터는 당신과 자녀들이 얼마나 재능 있는 존재들인지 살펴볼 것이다. 당신은 큰 격려를 받을 것이다.

HOW AM I SMART?

 chapter 3.

언어로 생각하는 아이

언어 재능

　내가 리티와 스티브의 새 집을 방문했을 때는 한창 공사 중이었다. 그래서 우리는 사닥다리 주변과 임시 거처를 둘러보았다. 친구 부부는 거실과 주방과 침실을 보여 주며 즐거워했고, 바닥과 벽과 천장들이 어떻게 마무리될 것인지 설명했다.
　아래층으로 내려갔을 때 정말 감명 깊은 순간이 기다리고 있었다. 리티는 응접실, 서재, 아이들의 침실이 될 공간들을 보여 주었다. 여자 아이들의 방으로 들어서자, 그녀는 커다란 벽장을 가리켰다. 아직 마무리되진 않았지만 나는 아이들 방에 있는 벽장치고는 너무 큰 것 같다고 했다. 리티는 이렇게 설명했다.
　"이것은 젤리사가 들어가서 놀 공간이야. 그 아이는 벽장 속에서 놀며 얘기하는 걸 좋아해. 잠시도 말을 멈추려 하지 않지. 아마 이 공간을 매우 좋아할 거야."

당신의 딸이 아무도 듣고 있지 않아도 말을 계속하는가? 당신의 어린 아들이 놀랄 만한 어휘를 사용하는가? 이는 그들이 젤리사처럼 언어 재능을 지니고 있다는 증거이다.

가브리엘의 아들 릭은 동생에 대해 이렇게 말했다.

"레드는 말하는 동안에는 아무것도 못해요. 하지만 나는 말하지 않고는 아무것도 하지 못해요."

나는 그 말이 무엇을 뜻하는지 알고 있었으므로 웃었다. 가브리엘은 릭의 통찰이 매우 정확하다고 말했다. 부단히 재잘거리는 그 아이는 언어 재능을 지녔다.

가브리엘과 남편 로메인에 의하면, 자녀들에게 다중지능에 관해 가르친 이후로 아이들이 서로에 대해 더 많은 인내심을 보인다고 한다. 아이들은 서로의 차이를 인정한다. 그것은 문제나 결함이 아니라 하나님께 독특하게 지음 받았음을 뜻할 뿐이다.

자녀의 언어 재능이 어느 정도인지 알아낼 준비가 되어 있는가? 각자에게 두드러지는 재능이 있다는 점을 기억하라. 자녀의 언어 재능이 뛰어난지 아니면 그것을 일깨우고 개발하도록 도울 필요가 있는지는 당신이 판단할 수 있다. 어쩌면 당신은 언어 재능이 자녀의 강점이 되긴 힘들 거라고 생각할지도 모른다. 만일 당신의 자녀가 다양한 특성을 지닌 교사들과 유익한 경험들을 하고서도 언어 재능에 있어 탁월한 면을 보이지 않는다면 그것으로 족하다. 만일 당신이 거기서 끝내지 않고 도달할 수 없는 것을 잡게 하려고 계속 시도한다면, 아이는 자신을 인정받지 못하는 우둔한 존재로 여길 수도 있다.

이제부터 살펴볼 내용은 당신의 아이가 어느 위치에 있는지, 그 아이의 언어 재능을 어떻게 일깨우며 개발할 수 있는지 판단하도록 도와줄 것이다. 또한 이 지능이 하나님과의 관계에 어떤 영향을 미치는지도 배울 수 있을 것이다.

역량 : 내가 잘하는 건 무엇일까?

언어 재능 아이는 언어로 생각하며, 기분이 들뜬 상태에서는 거의 말을 멈추지 않는다. 그 상태에서 글을 쓰거나 메모하기도 한다. 하지만 그 아이들의 언어 재능을 사용하는 가장 일반적인 방법은 말하는 것이다. 그 아이들이 사람들과 대화하는 걸 좋아하기는 하지만, 대화 상대자가 꼭 필요한 건 아니다. 그 아이들은 기도하거나 일하거나 공부하면서 자신에게 이야기하는 것만으로도 만족한다. 때로는 머릿속으로만 이야기하기도 한다.

학교나 교회에서 8가지 재능들에 대해 설명하면서, 나는 아이들에게 심지어 교사의 말에 귀 기울이려고 노력하는 동안에도 자신의 목소리로 인해 산만해지는지를 물어본다. 웃으며 손을 드는 아이들이 많다. 그 아이들은 흥분할 만한 어떤 일을 마음속으로 자신에게만 이야기하는 아이들이 있다는 사실에 놀란다.

가르치는 일은 언어 재능 아이들의 강점이다. 그 아이들은 형제자매가 무언가를 이해하도록 도와줄 수 있다. 자신보다 어린 아이들을 가르칠 수도 있다. 또한 말을 이용해 주장하고 설득하며 위로할 줄 안다. 당신의 아이에게 그런 강점이 있는가?

당신의 아들이 토론을 잘하지 못한다 해도 언어 재능이 있을 수 있다. 1장에서 이야기했듯이 다중지능은 어떤 것도 홀로 작용하지 않는다. 각각의 지능이 다른 지능들과 협력해 작용하는 것이다. 예를 들어, 논증은 언어 재능과 논리 재능 속에 뿌리 내리고 있다. 설득은 언어 재능과 인간관계 재능에 뿌리 내리고 있다. 따라서 만일 당신의 아들이 논쟁에 나서지 않는다면 논리 재능은 강점이 아닐 수 있다. 하지만 언어 재능은 여전히 강점일 수 있다. 또한 그리스도를 닮고 싶어하는 신앙심이 그 아이를 논쟁에서 물러서게 할 수도 있다. 우리는 별개의 기능이나 관심보다는 행동 패턴에 유의해야 한다.

언어 재능을 지닌 아이들은 말을 일찍 시작할 수 있다. 이 아이들은 글쓰기에 관심을 보이며 글자를 일찍 배운다. 나이가 많아지면 글을 자발적으로 쓰고 또한 잘 쓰며 한가한 시간에는 정보를 얻기 위해서나 즐기기 위해 책을 읽는다.

언어 재능 아이들은 대부분의 교과서들과 과제를 잘 다루고 상세한 내용까지 기억하기도 한다. 어휘력이 뛰어나며 확신 있게 얘기하고 정확히 듣는다. 대체로 지식이 풍부하고, 자신의 의견과 생각을 다른 사람들과 함께 나누고 싶어한다.

당신의 아이가 한 가지 이상의 언어를 잘 알 수도 있다. 언어를 쉽게 습득하고 단어를 잘 기억하며 또한 자신이 아는 것을 효과적으로 활용하는 것도 언어 재능을 드러내는 증거이다. 이것은 모두 의사 소통에 관한 내용이다. 언어가 이 아이들의 강점이다.

학습법과 교수법

언어 재능을 가지고 공부하고 배울 때 당신의 아이는 어떤 주제에 관해 읽고 쓰며 말할 수 있다. 언어 재능 아이는 다른 사람들의 말에 흔쾌히 귀 기울이고, 수업 노트를 복사하거나 타이핑하며, 그 주제를 다루고 있는 다른 책들을 읽는다.

언어 재능 아이에게는 이야기, 강의, 토론, 단어 카드 붙이기, 노트 필기, 단어 게임, 소리 내어 읽기, 암송, 신문 읽기, 다양한 책들에 밑줄 긋기, 녹음도서 이용하기, 탐구 보고서와 다른 종류의 과제물 작성 등과 같은 여러 가지 교수법들이 효과적일 것이다. 토론도 좋은 방법 중 한 가지이다.

앞에 나열된 방법은 모두 언어 재능을 일깨우며 강화시켜 준다. 아이들이 이 방법들을 사용하는 이유를 알 수 있도록 때로는 당신이 설명해 줄 필요가 있다. 언어 재능이 부족한 아이가 이 방법들을 혼자 효과적으로 활용하려면 더 많은 시간이 필요할 것이다.

언어 재능이 부족한 아이 속에 이 재능을 강화시키려 할 때에는, 다양한 필기도구들을 활용하는 것이 매우 중요하다. 예를 들어, 철자를 제대로 쓸 수 없다고 말했던 아이들이 매직으로 색종이에 쓸 때는 정확하게 쓰기도 한다. (5장에 나오겠지만, 특히 그림 재능 아이들에게 이 훈련이 잘 적용된다.)

아이들에게 글을 읽어 주고 의미 있는 대화에 참여시키라. 그렇게 하면 아이들의 청취 어휘가 늘어난다. 청취 어휘란 아이들이 읽거나 말하지는 못해도 듣고 이해할 수 있는 어휘를 가리킨다. 청취 어휘는 학교 생활의 승패를 가장 잘 예측하게 해주는 것들 중 하나이기 때문에 모든 아이들에게 개발시킬 필요가 있다.

정체성 : 나는 누구인가?

언어 재능 아이에게 자신을 묘사하게 했다고 가정하자. 다음과 같은 반응들이 나타날 것이다.

- "난 말을 많이 해요."
- "나는 글쓰기가 좋아요."
- "나는 독서를 즐겨요."

- "내 친구들은 나와 함께 얘기하고 싶어해요."
- "나는 말의 능력과 내 입에서 느껴지는 어감이 좋아요."

마지막 말이 놀라울 수도 있다. 그러나 언어 재능을 지닌 사람들 중에는 그렇게 말하는 이들이 많다. (나는 아이들에게 "너희는 어떤 말의 어감이 좋니?"라고 묻기도 한다.)

내가 두 살 반쯤일 때 할머니가 '수다쟁이 캐시'라는 별명을 내게 붙여 주셨다. 그 정도로 나는 어려서부터 말을 많이 했다. 지금 나는 말하기와 글쓰기로 생계를 꾸리고 있다.

어린아이의 지능적 강점을 일찍 간파해 장래 예측용으로 활용할 수도 있다. 나는 어릴 때 어린이 극단에서 활동하는 것을 좋아했다. 말에 관심이 많았고, 늘 백과사전을 뒤적였다. 초등학생 때 공공도서관에서 주최하는 독서 대회에서 우승했고, 고등학교 시절에는 연설팀의 일원이었다.

할아버지 마이어는 우리 시의 시장으로 일하셨는데, 나는 그분이 사람들을 돕기 위해 말을 적절히 사용하시는 것을 지켜보았다. 그분의 본보기는 현재의 나를 있게 해준 강력한 동인이다.

만일 부모님과 선생님들이 나의 언어 재능을 개발하고 집중적으로 다듬어져야 할 강점보다는 성가신 문젯거리로 보셨다면 나는 과연 어떻게 되었을까? 만일 내가 "조용히 해……입 닥쳐……다른 일을 찾아

봐……네 말을 듣자니 너무 지겨워." 같은 말을 들으며 자랐다면 어떻게 되었을까? 과연 내가 강연과 교육으로 생계를 꾸려나가거나 책을 쓸 수 있었을까? 결코 그렇지 않을 것이다. 오히려 나의 강점이 마비되거나, 내가 그 강점을 불건전한 방식으로 좋지 못한 곳에 사용했을 수도 있다.

자라면서 내가 조용히 해달라는 부탁을 받을 때가 있었을까? 분명히 있었다. 때로는 내가 동생이나 부모나 친구들과 떨어져 혼자 있을 필요가 있었을까? 분명히 그랬다. 때로는 내가 동생의 말에 귀 기울일 필요가 있었을까? 그렇다. 나는 동생과 내가 다른 사람들을 존중하는 마음과 자제력을 배우며 자란 것을 감사한다.

언어 재능의 강점은 언어 재능 아이와 그 부모에게 어려움을 안겨줄 수도 있다. 언어 재능 아이들은 대화에 참여하지 못하면 스트레스를 받는다. 반대로 그들이 말을 너무 많이 하면 다른 사람들에게 스트레스를 줄 수 있다.

마비는 약점으로 인해 생길 수도 있다. 예를 들어 말을 더듬거리며 느리게 하는 학생은 반친구들의 놀림감이 될 수 있다. 이로 인해 그 아이는 다시는 큰소리로 책을 읽지 않으려 한다. 창의적으로 잘 쓰려고 노력하지만 자신의 글이 다른 친구들의 글과는 달리 게시판에 붙지 않을 경우에는 낙심할 수 있다. 언어 재능이 부족한 아이들에게는 낱말 퀴즈가 지겨울 수 있다.

마비를 유발할 수 있는 이 같은 경험들은 충분히 막을 수 있다. 물론 그 상황에 효과적으로 개입할 수 있도록 아이의 관심사를 유심히 살펴야 할 것이다. 우스꽝스런 책을 아이와 함께 큰소리로 읽으면 친구들의 놀림으로 인한 아이의 고통이 사라질 수 있다. 자녀의 글쓰기 능력을 향상시킬 방법을 교사에게 물어보고, 부담 없이 자연스럽게 협력하며 아이의 향상된 모습을 격려할 때 글쓰기에 대한 아이의 관심을 다시 유발할 수 있다. 아이가 자발적으로 새 단어들을 배울 마음을 갖게 하기 위해 새 단어들을 자연스럽게 사용해 토론을 하거나, 스크래블 같은 단어 게임을 하거나, 낱말 퍼즐을 함께 완성시킬 수도 있다.

매우 어린 자녀가 글자, 말, 대화, 쓰기에 강점을 보이면 부모는 흥분하기 쉽다. 그 결과, 언어 재능 개발에만 초점을 맞추고 음악 재능, 그림 재능, 신체 재능, 자연 재능은 무시할 수 있다. 안타깝게도 이런 아이는 대여섯 가지 지능을 개발하는 다른 아이들과는 달리 서너 개의 지능을 개발하는 데 그칠 수 있다.

이 부분과 '역량' 부분에 언급된 행동들을 대부분 드러내는 아이는 언어 재능의 강점을 지닌 걸로 분류될 수 있다. 반대로, 말을 많이 하지만 가르치거나 설득하는 일에는 별로이거나 학교 숙제를 제대로 해내지 못하는 아이는 언어 재능 아이라기보다는 듣기에 능한 학생일 뿐일 가능성이 많다. 그것도 중요한 강점이지만, 언어 재능과 동일한 것은 아니다.

본서를 읽으면서, 당신은 각 재능에 대해 당신의 아이가 얼마나 관심을 가지는지, 아이의 능력은 어느 정도인지 알고 싶을 것이다. 아이들이 무엇을 하는지, 그것을 얼마나 많이 하는지 살펴라. 아이들의 능력과 흥미의 패턴을 유심히 보라.

갈등

1장에서도 말했듯이, 강점이 불건전하고 나쁜 방법으로 사용되면 부정적인 결과를 낳을 수 있다. 예를 들어, 언어 재능 아이는 험담, 놀리기, 거짓말, 논쟁과 같은 죄악들에 유의할 필요가 있다. 그리고 들어야 할 때 끼어들지 않도록 주의할 필요가 있다.

또한 언어 재능 아이는 자신의 지적 능력을 자랑하며 교만해질 수 있다. 자신의 강점을 흡족하게 여기는 것과 자신의 은사로 인해 우월감을 갖는 것은 별개의 문제이다. 언어 재능 아이는 자신의 지식과 어휘를 과시하고 싶을 수도 있고, 읽고 쓰는 능력이 약한 듯한 아이들을 얕잡아보려는 유혹을 받을 수도 있다. 또한 자신을 과신해 잘 배우려 하지 않을 수도 있다.

언어 재능과 연관된 죄로 인해 종종 갈등을 겪는 아이들을 알고 있는가? 그들의 강점을 불건전하게 사용하지 못하도록 도울 방법을 찾을 필요가 있다. 이 지능을 마비시키거나 차단시키지 않고서 그렇게 하는 방법을 찾으라. 내게 그런 일이 일어나지 않은 것을 감사한다. 만일 그런 일이 있었다면, 우리 회사가 설립되지도, 내가 본서를 쓰고 있지도 않을 것이다.

우리 부모님은 나의 재능과 관심을 개발하도록 도울 기회를 모색하셨다. 내 동생과 사촌도 한 역할씩 했다. 나의 초등학교와 중학교 시기에 할아버지는 우리가 사는 지역의 시장이셨다. 할아버지에 관한 얘기와 다른 뉴스를 보도하기 위해 내 동생과 사촌은 "카제트 사촌들"이라는 신문을 발행했다. 선거 기간 동안 내가 그 신문의 리포터로 활동했던 일이 지금도 기억에 생생하다. 나는 메모지와 펜을 들고서 조부모 댁의 1층에 모인 여자들과 지하층에 모인 남자들을 찾아다니며 데이브와 테리에게 지시받은 질문들을 던졌다. 그리고 최선을 다해 그들의 대답을 기사로 정리했다. 종종 데이브나 테리의 도움을 받기도 했다. 기사들과 함께 내 이름이 지면에 실린 것을 보고서 스릴을 느꼈던 기억이 생생하다. 능력을 적극적으로 활용하는 편을 강조하는 것이 부정적인 측면에 대해 말하는 것보다 더 효과적인 때가 많음을 기억하라.

목적 : 내가 사는 이유는 무엇인가?

하나님 증거하기

나는 우리가 자신의 존재와 하는 일을 통해 하나님께 영광 돌리기 위해 (하나님이 어떤 분이신지 보여 주기 위해) 살아 있다고 믿는다. 언어 재능

은사가 있는 아이들은 주로 학습, 말하기, 듣기, 읽기, 쓰기, 가르치기를 통해 하나님께 영광을 돌리며 그분을 섬길 것이다.

언어 재능 아이들은 학교 연감 편찬위원회에서 봉사하거나, 무의탁 아이들을 돌보는 일을 자원하거나, 주일학교에서 봉사하거나, 학교에 대해 묻는 부모의 질문에 기꺼이 답하거나, 대고모의 이야기에 귀 기울이거나, 성경 개념들에 대해 더 많이 배우거나, 연설팀 일원으로서 연설 능력을 연마할 수 있다(특히 이들은 연설 내용이 성경적이고 기독교적 세계관을 반영함으로써 다른 사람들의 생각에 영향을 미칠 때 하나님께 영광을 돌릴 수 있다). 또한 외국어를 배워서 단기 선교 여행을 통해 그 언어를 사용하는 사람들 속에서 봉사할 수 있다.

어떤 영적 은사들과 다른 재능들을 지녔는지에 따라, 언어 재능 아이는 하나님 말씀에 대한 사랑, 성경 공부, 성경 암송, 복음 전도, 기도 등을 통해서도 하나님을 기쁘시게 해드릴 수 있다.

우리 그리스도인이 하나님께 영광 돌리는 주요 방법들 중 하나는 그분과의 관계를 더욱 돈독히 하는 것이다. 그렇다면 언어 재능 아이의 영적 훈련을 위해 어떤 식으로 접근할 수 있을까?

아이의 영적 은사나 열정과 더불어 다른 재능들도 훈련에 영향을 미치겠지만, 언어 재능 아이를 지속적으로 훈련시키는 방법으로는 성경 읽기와 성경 공부가 가장 쉬울 것이다. 언어 재능 아이는 자신이 공부하고 묵상한 내용을 다른 사람과 나눌 때 큰 동기 부여가 될 것이다. 또한 아이가 당신이 배우고 있는 것에 관심을 보일 수도 있다. 그 기회를 잘 활용하라.

직업

아이들이 자라서 무엇이 되고 싶다는 얘기를 처음 했을 때가 몇 살 때였는가? 분명 그리 많은 나이가 아닐 때였을 것이다. 나의 어린 친구들인 멜로디와 그레이스는 벌써부터 발레리나, 동물 사육사, 엄마가 되겠다는 말을 한다. 물론 고등학생들은 졸업 후 진로에 대해 더 깊이 생각할 필요가 있다. 문제는 아이들의 흥미, 능력, 은사, 재능에 가장 적합한 직업이 무엇이냐 하는 것이다.

직업상의 기술과 재능이 멋진 조화를 이룰 때 그 직업이 가장 바람직하다. 따라서 언어 재능 아이는 말하기, 듣기, 읽기, 쓰기를 수반하는 직업을 고려하고 싶을 것이다. 자신의 다른 재능들을 생각할 때 토론하고 설득하는 일도 고려할 수 있다. 이런 아이에게 적합한 직업들을 예로 들면, 교사, 목사, 상담자, 저널리스트, 편집자, 변호사, 기자, 도서관 사서, 정치인일 것이다.[1]

---

[1] 톰 암스트롱 박사는 *You're Smarter Than You Think: A Kid's Guide to Multiple Intelligences* (Minneapolis: Free Spirit, 2003)이라는 책에서 8가지 지능 각각에 어울리는 상세한 직업 목록을 제시한다. *Seven Kinds of Smarts: Identifying and Developing Your Multiple Intelligences* (New York: Penguin, 1999)에서는 직업 목록과 더불어 직업상의 기술 목록까지 제시한다.

소속 : 누가 나를 원할까?

아이들의 친구 선택에는 자신의 지능적 강점을 포함해 여러 가지 요인들이 영향을 미친다. 부분적으로 이것은 그들의 재능이 놀이나 말에 영향을 미치기 때문이다.

흔히 언어 재능 십대들은 친구를 사귈 때 지식 나눔을 우선적으로 고려한다. 그들은 자신이 알고 있는 것을 설명하거나 다른 사람들에게 배우는 것에 관심이 많다. 따라서 대부분의 언어 재능 십대들은 최소한 두 부류의 친구들을 원할 것이다. 곧 자신이 영향을 미칠 수 있는 친구들과 자신에게 영향을 미칠 수 있는 친구들이다.

언어 재능의 강점이 인간 관계에 어려움을 가져올 수도 있다. 언어 재능 아이들은 말을 너무 많이 하며, 자신과는 달리 명료하게 의사 전달을 하지 못하는 사람들을 부정적인 눈으로 볼 수 있다. 이 아이들은 다른 사람들, 특히 자신보다 지식이 부족한 듯한 사람들을 얕잡아보는 경향이 있다. 게다가 별로 대화가 없는 상황을 몹시 견디기 힘들어한다!

하나님과의 연결

언어 재능 아이는 하나님 말씀을 통해 그분과 쉽게 연결될 수 있다 욥 37:1-5; 시 29편; 요 15:7. 따라서 이 아이들에게는 성경을 읽어 주는 것이 매우 중요하다. 아이 자신의 성경, 성경 이야기책들, C. S. 루이스의

『나니아 연대기』 같은 기독교 고전들, 그 밖의 경건 서적들도 도움이 될 것이다. 아이들이 이런 책들을 요청하지 않을 수도 있지만, 그 책들을 갖춰 주면 언어 재능 아이들에게 유익할 것이다. 십대들도 성경 이야기나 기독교 문학을 읽어 주는 걸 즐길 수 있다. 십대들은 그런 책을 누군가가 자신에게 읽어 주길 원한다는 사실을 인정하지 않을 수도 있지만, 은근히 그것을 좋아하는 십대들이 많다.

아이들에게 글을 읽어 주는 것은 청취 어휘를 늘려 줄 수 있는 가장 좋은 방법 중 하나이므로 매우 중요하다. 아이들 스스로 성경을 공부하고 기독교 서적들을 읽는 것 또한 언어 재능 아이들에게는 중요한 일이다.

자신의 두드러지는 학습 및 청취 능력으로 인해 종종 언어 재능 아이들은 주일학교, 주중의 교회 프로그램, 수련회, 청소년 세미나, 여름/겨울 성경학교 등에 참석해 하나님을 가까이하는 시간을 가질 것이다. 그 아이들은 하나님, 예수 그리스도, 성령님, 성경 위인들에 관한 세부적인 내용들을 배우는 것을 즐길 것이다. 또한 새로운 어휘와 새로운 개념들을 배우며 배운 내용에 관해 사람들과 이야기하기를 원할 것이다.

부모나 존경하는 어른들과의 대화는 아이들이 진리를 다지며 혼란스러운 것들을 명료하게 하는 데 도움이 될 수 있다.

안전 : 내가 누구를 신뢰할 수 있을까?

신뢰 대상

모든 아이들은 안전을 느낄 필요가 있으며 또한 안전할 필요가 있다. 안전 없이는 무언가에 대한 집중과 학습과 삶이 매우 불안해진다. 아이들이 하나님과 신뢰할 만한 사람들과 또한 어느 정도는 자신에게서 안전을 찾아야 하지만, 부분적으로는 자신의 강점들에서도 안전을 찾을 수 있다. 언어 재능 아이들에게 있어 그 강점은 읽기와 쓰기, 토론, 사람 끌기, 사소한 일들에 대한 기억, 학교에서 좋은 성적 얻기 등이 될 수 있다.

부모에 대한 신뢰

자녀에게 안전감을 갖게 하기 위해 당신이 할 수 있는 일을 할 필요가 있다. 언어 재능 아이들에게 있어 그 일은 아이들의 이야기와 설명에 귀 기울이는 것이 될 것이다.

아이들이 열성적인 일에 당신도 관심이 많다는 것을 보여 주는 질문들을 던지라. 아이들이 무엇인가를 골똘히 생각할 필요가 있을 때 당신이 그 생각을 일깨워 주면 당신에 대한 신뢰가 더욱 깊어질 것이다. 아이들에게 적절한 책들과 아이들의 흥미를 자극하는 주제와 관련된 자료들을 구해 주라. 아이들은 당신에게 따뜻한 보살핌을 받고 있다고 느낄 것이다.

자녀의 나이를 고려해 당신이 관심을 갖는 부분에 대해 글로 대화를 시도할 수도 있다. 이것은 비교적 나이가 많은 언어 재능 아이들을 도울 수 있는 안전하고 효과적인 방법이다. 당신은 핵심 진리들을 나누거나 깊은 생각을 이끌어내는 질문들을 던질 수 있다. 당신의 아이는 대답할 시간과 프라이버시를 확보할 것이다. 아이들은 보다 자발적으로 대답할 것이며, 얼굴을 맞대고 말하기 힘든 중요한 내용도 글로 적을 수 있다. 이 같은 글쓰기는 당신의 아이들이 당신에게서 느끼는 안전감을 강화시킬 뿐 아니라, 그 아이들의 동기 부여와 행동과 성공 또한 더욱 강화시킬 것이다.

훈련과 관련해, 당신은 아이들의 말에 귀 기울이며 더불어 많은 대화를 나눌 필요가 있다. 언어 재능 아이들에게는 언어적 강점이 있으므로, 당신이 아이들의 긍정적 행동이나 부정적 행동을 지적할 때 서술 형용사들을 사용하는 것이 효과적이다. 아이들이 당신에게 지시받은 말을 큰소리로 반복하게 하는 것도 좋은 방법이다.

하나님에 대한 신뢰

우리를 구원해 주신 예수 그리스도를 아직 신뢰하지 않는 아이들을 우리가 어떻게 도울 수 있을까? 그리고 믿는 아이들의 지속적인 신앙 성장을 어떻게 도울 수 있을까? 언어 재능 아이들에게 가장 효과적인 방법은 무엇일까?

어휘력이 이 아이들의 강점 중 하나이기 때문에, 하나님의 다양한 칭호들을 활용해 그분에 대해 가르치는 것이 효과적일 수 있다 창 43:14; 마 1:23.

또한 언어 재능 아이들은 성경이 처음에 히브리어와 아람어와 헬라어로 기록되었다는 것을 배우며 흥미를 느낄 수도 있다(예를 들어, '샬롬'은 '평강'을, '여호와'는 '하나님'을 뜻하는 히브리어이고, '아도나이'는 '주님'을 뜻하는 헬라어이다). 한 가지 이상의 성경 역본들과 관주를 활용하거나 성경 용어 사전을 이용하는 것도 하나님과 그분의 말씀에 대한 이 아이들의 확신을 높일 수 있는 좋은 방법이다.

가정 예배는 모든 아이에게 매우 중요하다. 하지만 특히 언어 재능이 뛰어난 아이들은 다른 아이들에 비해 가정 예배를 통해 더 큰 유익을 얻을 것이다. 가정 예배를 드릴 때는 당신이 아이들을 대신해 대표로 기도하기보다는 아이들을 직접 기도에 참여시키는 것이 훨씬 유익하다. 뿐만 아니라 아이들이 성경을 큰소리로 읽게 하는 것이 좋다. 읽은 성경 구절에 관한 질문들에 대답하며 관련된 사례를 소개하게 해보는 것도 좋은 방법이다.

능력과 흥미

아이들에게 언어 재능의 강점이 있는지 판단하기 위해서는 읽기, 쓰기, 말하기, 듣기와 관련한 아이들의 능력과 흥미를 모두 고려해야 한다. 다음 도표에 가족 한 사람 한 사람의 특성을 생각해 정확히 기재해 보라. 그리고 이 장에서 읽은 내용을 깊이 생각해 보라.

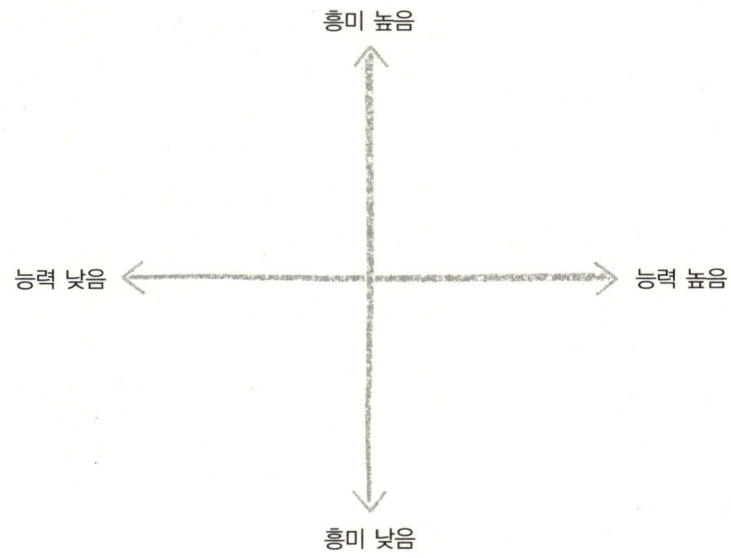

HOW AM I SMART?

chapter 4.

질문으로 생각하는 아이

논리 재능

　한 워크숍에서 있었던 일은 논리 지능이 뛰어난 사람이 때로 다른 사람들에게 어떻게 반응하는지 잘 보여 준다.
　아이스브레이크 진행자로서 나는 참석자들에게 자신에게 가장 중요한 장소를 하나씩 말해 보라고 했다. 몇몇 사람들은 자신이 다닌 대학을 언급했다. 그러자 라이벌 대학 출신자들에게서 농담조의 가벼운 야유가 일어났다. 어떤 사람들은 고향을 언급하면서 그 어떤 곳보다 멋진 곳이라고 찬사를 늘어놓았다. 자신이 약혼했던 도시나 장소를 대는 사람들도 있었다.
　가장 멋진 대답을 한 사람은 마리나였다. 대학 신입생이었던 마리나는 부모 옆에 앉아 있었다. 그녀가 "주방 식탁이요."라고 하자 사람들이 일제히 그녀 쪽으로 고개를 돌렸다. 마리나가 내 질문을 잘못 들었을 거라고 생각하는 사람들도 있었을 것이다. 어떤 사람들은 그 대답이 엉뚱하다고 생각했을 것이다. 사실 그녀는 몇몇 나라로 선교 여행도 다녀왔다. 그런 선교지들과 비교할 때 어떻게 주방 식탁이 가장 중요한 장소일 수 있었을까?

논리 재능이 뛰어난 사람들은 마리나가 내 질문을 잘못 들었다고 생각하거나 그녀의 대답을 '엉뚱한' 것으로 판단했을 것이다. 논리 재능인들은 모든 것이 이치에 닿길 원한다. 그들에게 마리나의 대답은 이치에 닿지 않았다.

종종 논리 재능인들은 자신의 강점을 자각하지 못하며, 다른 사람들이 자신처럼 논리적이지 못할 수 있다는 것도 자각하지 못한다. 당신은 혹시 논리 재능이 너무 뛰어나 자녀들의 생각과 행동이 이치에 닿지 않을 때 불쾌한 표정을 짓지는 않는가? 아이들의 행동이나 말이 부정확한 듯할 때 그들의 '우둔함'이 너무나 놀랍다는 어조로 "뭐라고?"라고 하지는 않는가? 이런 어투는 아이들에게 도움이 되지 않으며 그들의 지능들을 차단시킬 수도 있다. 또한 아이들은 당신을 더 이상 신뢰하지 않거나 당신의 의견을 구하지 않을 수도 있다.

논리 재능 성인들은 "계속 말해 보렴. 더 많이 알고 싶어."라고 말하는 법을 배우면 더 나은 관계를 진전시킬 수 있다. 혹은 판단보다는 호기심을 띤 어투로 "왜 그렇게 했니?"라고 하는 것도 좋은 방법이다.

당신의 논리 재능을 잠시 억제하고서 판단하기보다 이해하기 위해 경청하는 법을 배울 수 있겠는가?

나는 마리나에게 '주방 식탁'을 택한 이유를 설명해 보라고 했다. 마리나는 부모 형제들과 함께 주방 식탁에서 대화를 나누면서 배웠던 것이 자신의 성공과 행복의 열쇠였다고 설명했다.

이제 그녀의 대답을 모두 이해했다. 논리 재능인들도 만족했다. 사실, 우리는 겸연쩍어서 입을 다물었다. 우리는 마리나를 너무 성급하게 판단했다. 그녀는 내 질문에 잘 대답했다. 너무나 이치에 닿는 대답이었다.

논리 재능에 대해서는 이해할 내용이 많다. 당신의 아이가 몇 살이든 이 장에서 언급하는 내용에 적어도 부분적으로는 공감할 것이다. 만일 논리 재능이 아이들의 강점이 아니라는 생각이 들면, 당신의 면밀한 개입을 통해 그것을 강화시킬 수 있다. 학교 성적의 많은 부분은 논리 재능에 의존하므로 이 지능을 가급적 많이 개발하는 것이 중요하다. 또한 이 재능은 아이의 영적 성장을 위해서도 매우 중요하다.

역량 : 내가 잘하는 건 무엇일까?

논리 재능 아이들은 어린 시기에 상식적 추론 능력을 보여 준다. 이 아이들의 강점은 사고력에 뿌리를 두며, 그들은 생각하는 일을 즐거워한다. 대개 미지의 주제를 탐구하는 일을 두려워하지 않는다. 종종 새로운 개념에 곧장 뛰어들어 탐구하기도 한다. 묘안을 쉽게 떠올리며, 어른들의 휴가 계획이나 중요한 결정을 돕기도 한다.

논리 재능 아이들은 질문을 통해 생각하고, 기분이 고조되면 더 많은 질문을 던진다. 시험지에 답하거나 질문들을 놓고 토론하는 것이 학교 생활의 핵심 부분이기 때문에 논리 재능 아이들의 성적은 대개 탁월하다.

이 아이들은 알려는 욕구가 강하다. 그러다 보니 자신이 알아야 한다고 생각하는 것을 알지 못할 때 종종 스트레스를 받는다. 과제를 정해진 시간에 제대로 해내지 못하면 실망한다. 이들은 가정에서 일어나는 일에도 민감하다. 만일 당신이 불편한 심기를 드러내거나, 할머니의 전화가 평소보다 잦거나, 형제자매가 화를 내면 논리 재능 아이들은 의기소침해진다.

이 아이들에게는 이치에 닿는 일들이 필요하므로 종종 "왜?"라고 묻는다. 당신은 이런 질문들을 반항으로 여길 수 있으며, 때로는 실제로 반항일 수도 있다. 하지만 종종 그런 질문은 아이들의 논리 재능에서 비롯된다. 이 아이들은 왜 집에서 뛰어다니면 안 되는지 정말로 알고 싶어한다. 그런 질문에 "제발 나 좀 귀찮게 하지 말아라."나 "때가 되면 알려 줄게."라는 식으로 대답하면 마비 현상이 초래될 수 있다. 나는 자녀 스스로 생각하는 힘이 너무 약하다고 걱정하는 부모들과 대화를 나눈 적이 많다. 대화하는 중에 그들은 자신의 반응이 자녀의 독립적이고 창의적이며 비판적인 사고를 억눌렀음을 깨닫는다. 그런 태도를 사과하며 아이의 질문을 진심으로 경청하고 성실하게 대답할 때 비로소 상황이 호전될 수 있다.

대고모 올라는 무엇이든 이치에 닿길 원한다. 그렇지 않을 때에는 마음이 몹시 불편해진다. 무려 35년 전 일이지만, TV 광고에 대해 대고모와 나눴던 이야기를 생생하게 기억한다. 대고모는 광고 속에서 이치에 닿지 않는 것을 찾아내는 걸 좋아하셨다. 한번은 어느 베이킹소다 광고를 지적하며 웃고 또 웃으셨다. 해설자는 "베이킹소다 박스를 배수구에 부어 보세요."라고 권했다. 물론 냄새 제거를 위해서였다. 그러자 대고모는 그 광고가 엉터리라고 여러 차례 말씀하셨다.

"베이킹소다 '박스'를 배수구에다 부을 순 없어! 순 엉터리야!"

논리 재능 아이들은 생각할 만한 가치가 있는 무엇인가를 필요로 한다. 만일 당신이 몰두할 것들을 제시하지 못하면, 그 아이들은 자신이 생각하고 분석할 무엇인가를 스스로 찾아낼 것이다. 예를 들어 컬러마커가 어떤 색을 낼 수 있는지 알아보기 위해 분해할 수도 있다. 논리 재능 아이가 따분해지면 왜 위험한지 이해되는가?

만일 당신이나 과학 교사가 "저것들을 아직 그릇에 넣지 말아라."고 말하면, 논리 재능 아이들은 '넣으면 왜 안 될까? 넣으면 어떻게 되지?' 하고 생각한다. 그러고는 아무도 알아차리기 전에 어떻게 되나 보기 위해 모조리 그릇 속에 넣어 버린다! 이 상황에서 어른들의 반응은 아이의 논리 재능을 마비시킬 수도 있고 더욱 확장시키며 발전시킬 수도 있다. 아이의 논리 재능을 차단시키는 반응과 그것을 강화시킬 반응이 마음속에 그려지는가?

논리 재능 아이들 중에는 과학을 즐기며 과학적 사고를 쉽게 하는 아이들이 많다. 그들의 강점은 정확하고 탐구적이며 논리적인 사고에 있다. 실험 정신도 그들의 강점이다. 그들은 분석하고 예측하며 고안하는 걸 즐긴다.

이 같은 이유로 인해 논리 재능 아이들은 수학에 강한 면을 보인다. (어린아이들에게 숫자를 가르치고 큰소리로 숫자를 세게 하는 것은 논리 재능을 일깨우는 좋은 방법이다.) 숫자 세기, 더하기, 시간 말하기, 돈 계산 등을 통해 수학적 능력이 일찍부터 드러날 수도 있다. 자라면서 평가나 통계 쪽에 강점을 드러내기도 한다. 이런 아이들은 2+2=4, 22+22=44, 222+222=444와 같은 수학의 논리적 특성을 좋아한다. 여럿이 식당에 갔을 때 이 아이들은 계산기가 없어도 식대를 정확히 계산한다.

수학적 성공은 다른 지능들에도 의존한다. 예를 들어 이야기 문제를 풀려면 언어 재능이 필요하고, 도형과 기하학을 배우는 데에는 그림 재능이 도움이 된다. "난 수학에 소질이 없어."라고 믿거나 말하지 않도록 내가 아이들을 격려하는 것도 이런 이유들 때문이다. 또한 다른 학습 스타일이나 태도 문제로 인해 수학적 사실을 쉽게 기억하지 못할 수도 있다. 그렇다고 해서 논리 재능이 빈약함을 뜻하는 건 아니다. 단지 점차적 발전이 요구될 뿐일 수도 있다. 다음 학기나 다음 주에는 그들의 논리 재능에 맞는 수학 유형으로 인해 수학이 더 쉬워질 수 있다.

읽기와 쓰기에 있어 논리 재능 아이들은 픽션보다는 논픽션에 관심이 더 많다. 그들은 천부적인 문제 해결자들이므로 픽션 중에서는 추리소설을 가장 좋아할 것이다. 또한 그런 유형의 TV 쇼를 좋아할 수도 있다.

학습법과 교수법

아이들이 공부와 학습에 논리 재능을 가장 잘 활용하기 위해서는 질문을 던지고 답해야 한다. 풀어야 할 문제들이 동기 부여로 작용할 것이다. 대부분의 논리 재능 아이들은 "만일 …라면?"이라는 생각으로 유익을 얻을 것이다. "과연 …일지?" 하는 형태도 그 아이들의 호기심을 자극하며 마음을 끌 수 있다. 이 아이들은 다른 아이들에 비해 일찍부터 비교와 대조에 익숙하며, 정보를 분석하고 개념들을 연결시키며 인과관계를 발견한다. '만일/그러면' 하는 식의 사고가 그들의 강점들 중 하나이다.

특히 생각과 관련된 동사들이 논리 재능 아이들에게 동기를 부여하며 생산적으로 작용할 수 있다. 달리 말해서, 읽기 과제에 대해 단순히 "생각하라."고 말하기보다는 '구체적으로' 생각하는 법을 알려 주는 것이 지혜롭다. 예를 들어 아이들은 정의를 내리고, 구분하고, 평가하며, 예측할 수 있다. 이 동사들이나 다른 동사들을 활용해 생각하는 방법과 이유를 가르치는 것은 아이들의 논리 재능을 키우기 위한 가장 효과적인 방법 중 하나일 수 있다. 이 단어들을 어휘 목록에 포함시키고, 이것들을 다른 단어들과 함께 가르치며 테스트하라.

논리 재능을 이끌어내는 데에는 퍼즐, 실험, 조사, 자료 수집, 토론 등이 수학 수업보다 더 도움이 된다. 공부하는 개념들이나 주제들 간의 논리적 연관성을 발견하도록 아이들에게 질문을 던질 수도 있다. 문제를 내 풀게 하는 방식은 대체로 효과적이다. 논리 재능 아이들은 추론 능력이 뛰어나므로 문제를 어떻게 그리고 왜 그렇게 풀었는지 물어보는 것이 중요하다.

독서 능력이 변변치 못할 경우 논리 재능 아이들은 낙심할 수 있다. 그 아이들은 진심으로 진리에 관심이 있고 좋은 성적을 얻고 싶어하기 때문이다. 때로는 같은 주제를 다루되 좀더 쉬운 책을 읽는 것이 읽기 과제를 보다 성공적으로 해내는 데 도움이 될 것이다. 이처럼 더 쉬운 자료들을 통해 필요한 어휘와 배경 지식을 습득함으로써 그들의 학년 수준에 맞는 책들과도 친숙해질 것이다. 예를 들어, 같은 주제를 놓고서 대학생은 고등학교 교과서를, 중학생과 고등학생은 더 낮은 학년의 교과서나 서적들을 활용할 수 있다. 웹사이트들과 DVD들도 도움이 될 수 있다.

논리 재능 아이들에게 쉽고 매력적인 방법들은 다른 아이들의 논리 재능을 일깨우며 강화시킬 수도 있다. 물론 이 경우에는 그 방법들을 주의해서 적용해야 한다. 예를 들어 만일 당신이 논리 재능에 뛰어난 아이들과 그렇지 않은 아이들에게 "만일……라면?" 하고 묻는다면, 논리 재능 아이들이 너무 빨리 대답함으로써 다른 아이들은 별로 유익을 얻지 못할 것이다. 그러다 보면 강의를 듣기 전보다 더 의기소침해질 수 있다. 물론 교사들이 논리 재능이 약한 아이들을 적절한 때에 지명하거나 세심한 배려로 소그룹으로 나눌 수 있으며, 이 방법들을 성공적으로 사용하는 법을 가르칠 수도 있다. 그것이 열쇠이다. 우리는 아이들이 저절로 성공할 거라고 추측해서는 안 된다. 성공하는 법을 가르쳐야 한다.

아이들의 질문에 답해 주는 것도 논리 재능을 높이는 방법이다. 가능한 한 자주, 심지어 아이들의 질문이 과제와는 무관한 듯할 때에도 그들의 호기심을 활용하라. 또한 아이들 스스로 자신의 질문에 대해 생각하고 답을 찾도록 도와주라. 이 방법은 아이들의 호기심과 지식과 논리적 사고를 향상시킬 수 있다.

질문은 삶의 본질적 기술이다. 만일 아이들이 질문을 던지지 않는 경향이 있다면 재미있고 흥미로운 것들을 소개하면 도움이 될 것이다. 부모와 교사들이 다음과 같은 말을 너무 자주 하기 때문에 아예 질문하고 싶지 않다고 말하는 아이들이 너무나 많다.

"넌 그걸 알 필요가 없어."

"너 스스로 찾아보렴."

"그건 중요하지 않아."

아이들이 부모나 교사들에게 가장 상처 받는 말 중 하나가 바로 "그건 중요하지 않아."라고 한다. 아이들은 "그 질문은 내게 중요해요. 그렇지 않다면 묻지도 않았을 거예요."라고 설명한다. 질문을 허용하지 않거나 진지하게 받아들이지 않으면 아이들의 논리 지능이 차단되기 쉽다. 그럴 경우에는 사과한 후 서로 묻고 답하는 흥미로운 시간을 가짐으로써 논리 지능을 다시 일깨울 수 있다. 인내하라. 아이들은 당신이 그들의 질문을 진지하게 받아들일 것을 확신해야 한다.

많은 아이들은 제대로 이해하지 못한 것은 씩씩하게 인정하는 것이 진실한 거라고 생각한다. 부모나 교사가 게으르다거나 생각도 안 한다며 질책할 때에야 아이들은 솔직히 말했던 걸 후회한다. 논리 재능이 부족한 딸이 이해 부족을 시인할 때 당신이 "조금만 생각해 보면 알 텐데."라고 한다면 얼마나 낙심하겠는가? 딸이 최선을 다해 생각했다면 당신의 말은 상처가 될 것이다. 앞으로는 도움을 청하지도 않을 것이며, 논리 재능이 제대로 성장하지도 못할 것이다.

탐구하고 생각할 대상과 개념들을 제공해 주는 것도 논리 재능을 일깨우며 발전시키는 방법이다. 다양한 결론을 내릴 수 있는 자유 해

답식 탐구가 특히 좋은 출발점이 될 것이다. 직접적으로 지식을 접하고 관찰할 수 있는 견학도 논리 지능을 향상시킨다.

논리 재능 아이들에게는 논리적이고 체계적인 부모와 교사들이 중요하다. 이 아이들은 이치에 닿지 않는 일에 쉽게 실망하며 짜증을 내기 때문이다. 또한 논리 재능이 별로인 아이들이 논리 재능 어른들과 함께함으로써 유익을 얻을 수 있다. 이 같은 역할 모델이 중요하다.

정체성 : 나는 누구인가?

논리 재능 아이들은 "나는 누구인가?"라는 물음에 자신의 탐구 내용이나 자신이 감탄하는 여러 가지 일들을 언급하기도 한다. 자신의 탁월한 성적을 얘기할 수도 있다. 도리어 갖가지 질문을 던지기도 한다. 집, 학교, 교회, 자신의 삶 속에서 일어나는 부당하다고 생각하는 일과 정책들에 대해 실망감을 토로할 수도 있다.

논리 재능 아이들이 책을 읽는 걸 좋아하지 않는다거나 독서가 힘들다고 말할 수도 있다. 항상 그런 건 아니지만 때로는 그렇다. 그들은 이치에 닿는 것만 좋아하므로 터무니없는 듯한 이야기들, 예를 들면 말하는 짐승들에 관한 이야기들에 실망할 수 있다. 만일 초등학교 독서 프로그램이 픽션에 치중한다면, 논리 재능 아이들이 독서에 등을 돌릴 수도 있다. 많은 논리 재능 아이들은 픽션보다는 논픽션을(차들에 관한 이야기보다는 차들에 관한 사실을 다루는 책을) 더 좋아한다. 그러므로 만일 논리 재능 자녀가 읽는 법을 배우려고 애를 쓴다면 논픽션을 활용해 보라. (하지만 대부분의 아이들은 공상 이야기를 좋아한다. 자녀의 나이에 유의해 가능한 변화를 꾀하라.)

시누이 데비는 나만큼 책을 많이 읽는다. 그녀는 주로 픽션을 읽는데, 종종 나에게 픽션 서적들을 추천했다가 내가 관심을 보이지 않으면 실망했다. 그러던 중에 시누이는 내가 다중지능에 대해 가르친다는 얘기를 들었다. 이제 그녀는 내가 논리 재능에 뛰어나고 그림 재능에는 약하기 때문에 픽션을 좋아하지 않는다는 걸 이해한다. 나는 무엇이든 논리적으로 타당하길 원하며 실제 행동을 중시하는 까닭에 픽션에는 대개 흥미를 느끼지 않는다. 그러면 어떤 책들을 읽을까? 논픽션인 신문이나 잡지 기사들과 일과 관련된 책들이다. 그것들을 읽는 건 일로 느껴지지 않는다. 데비가 픽션을 즐기듯이 나는 이런 독서를 즐긴다.

논리 재능 아이들은 이치에 닿지 않을 때와 '규칙'이 통하지 않을 때 불편해 하기 때문에 철자법과 발음 중심의 어학 교수법을 싫어할 수 있다. 동시에 그림 재능에도 뛰어나지 않는 한 혼란을 느낄 것이다. 심지어 논리 재능 아이들 중 언어 재능이 뛰어난 아이들도 혼란스러울 수 있다.

예를 들어 보통 두 모음이 붙어 있을 때 첫 모음이 길게 발음되는 걸로 배우지만, 'ea'는 'steak', 'meal', 'dead', 'early', 'react'처럼 여러 가지로 발음될 수 있다. 심지어는 현재형 'read'와 과거형 'read' 처럼 같은 단어 속에 든 'ea'도 다르게 발음된다. 어떤 아이들이 읽기를 배우기 싫어하는 것도 놀라운 일이 아니다. 또한 'there', 'their', 'they're' 같은 단어들도 있다. 이것들 역시 논리 재능 아이들을 낙심시킬 수 있다.

철자법은 내가 자주 약점을 느끼는 분야이다. 언어 재능과 논리 재능은 둘 다 나의 강점들이다. 그러나 그림 재능에는 뛰어나지 않기 때문에 철자법에서 어려움을 느낀다. 나는 컴퓨터의 철자 점검 프로그램과 사전 소프트웨어를 비롯해 내 글을 점검해 주는 직원들을 많이 의존한다. 내가 사전이나 백과사전을 사용하는 이유는 내가 쓰고 싶은 단어의 철자를 정확히 모를 때가 있기 때문이다. 예를 들어 'acclaimed'의 'c'가 하나인지 둘인지, 'renowned'에서 'w'가 맞는지 'u'가 맞는지 잘 생각나지 않는 경우가 있다.

비록 철자법에는 서툴지만 나는 분명 작가이다. 나는 약점 때문에 기죽지 말라는 말을 아이들에게 자주 한다. 누구나 자신의 강점을 살려야 하며 순종해야 한다. 하나님이 나를 작가로 부르셨기 때문에 나는 글을 쓴다. 변명의 여지가 없다. 나는 자주 사용하는 단어들을 기억하려고 애를 쓰며, 겸손히 다른 사람들의 도움을 받는다. 아이들도 그렇게 할 수 있다.

갈등

논리 재능 아이들의 가장 큰 강점 중 하나인 문제 해결 능력이 주의하지 않을 경우에는 그 아이들에게 올무가 되기 쉽다. 1장에서 언급한 내용이 기억나는가? 세상에서 자행되는 악행들 중 상당수가 논리 재능인들의 짓이다. 이들이야말로 어리석다. 논리 재능 아이들은 매우 주의해야 한다. 선에서 악으로 넘어가는 건 생각보다 훨씬 쉬운 일이다. 논리 재능 아이들은 문제를 해결할 수 있을 뿐만 아니라 문제를 조성할 수도 있다.

또 다른 강점인 호기심도 주의하지 않을 경우에 죄로 연결될 수 있다. 절제가 필수적이다. 흡연, 마약, 혼전 성관계 등은 호기심에서 비롯되는 경우가 많다. 호기심은 자신과 관계없는 대화에 귀 기울이게 하고, 하지 말아야 할 일을 넘보게 할 수 있다.

교만, 특히 지적 교만자신이 모든 답을 알고 있다고 믿는 것과 영적 교만하나님에 대해 잘 안다고 믿는 것이 끼어들 수 있다. 다른 사람들을 판단하거나, 자신의 입장만을 내세우거나, 자신이 혼란에 빠질 때 화를 내는 것도 죄악에 속한다. 논리 재능 아이들은 생각하고 분석하는 일에 능숙하므로 쉽게 근심에 빠져든다. 나 역시 그렇다. 나는 그럴 때면 친구나 직장 동료들에게 "난 분석하고 있을 뿐이야."라고 농담처럼 가볍게 말한다. 하지만 죄는 죄다. 분석 중이라고 말하지만 사실은 염려하고 있을 때가 더러 있다.

논리 재능 아이들은 어른들을 테스트하려 하기도 한다. "저 선을 넘어가지 말아라!"라는 부모의 지시를 들으면 어떤 생각이 드는지 물어보면 아이들은 웃음을 터뜨린다. 나는 한 발을 가상의 선 위로 올리고 이렇게 설명한다.

"나는 선을 넘지 않았어. 그 위에 발을 올리고만 있을 뿐이야. '넘어간다'는 말을 사전에서 찾아보았어. 만일 이 동작을 보고서 아빠가 화를 낸다면 그건 아빠 잘못이야. 설령 내가 선 위에다 발을 대어도 아직 선을 넘어가진 않은 거야. 이 동작을 보고서 소리를 지른다면 아빠가 잘못이야."

이 설명을 들으면 아이들이 더욱 크게 한바탕 웃는다. 많은 아이들이 그렇게 생각하고 있는 것이다. 그런 후에 나는 그들에게는 옳은 일을 할 책임이 있다는 중요한 사실을 상기시킨다. 지능상의 강점이 죄에 대한 핑계거리일 순 없다. 순종이 옳다!

목적 : 내가 사는 이유는 무엇인가?

하나님 증거하기

논리 재능 아이들은 여러 가지 방법으로 하나님께 영광 돌리며 그분을 섬길 수 있다. 그중에는 진리를 발견하고 설명하고 적용하기 위해 묻고 답하는 일들이 있다. 그들은 단지 학교 숙제를 위해서만이 아니라 섭식 장애나 조부모의 별세로 인해 괴로워하는 친구들을 돕기 위해서도 연구에 몰두할 수 있다.

이 아이들은 학교 클럽을 위한 시스템과 일정을 기획하거나 배구팀이나 야구팀을 위한 통계 자료를 마련할 수 있다. 논리적 처리 능력으로 인해 그들은 리더 역할을 잘 해낼 수 있다. (각 지능들이 함께 작용함을 기억하라. 논리 재능 아이들이 인간관계 지능도 갖출 때 더욱 효과적인 리더가 될 것이다.)

앞에서 언급했듯이, 논리 재능 아이들은 무책임하고 비논리적인 사람을 가리켜 어리석고 우둔하다며 곧바로 판단하기 쉽다. 따라서 논리 재능 아이들은 자신과 같은 강점을 지니지 못한 사람들에게 인내할 때, 우둔한 결론으로 보이는 견해에 대해 비웃지 않을 때, 잘못 대답한 이들을 비웃기보다는 따뜻하게 조언해 줄 때 하나님께 영광 돌리게 된다.

또한 논리 재능 아이들 자신이 알고 싶은 것을 모조리 알지는 못해도 하나님을 믿는 편을 택할 때 하나님께 영광이 돌려진다. 의문이 남아 있을 때에도 순종하는 마음으로 성령의 인도하심을 신뢰하며 구원을 위해 오직 그리스도만 의지하는 일은 하나님께 영광 돌리는 최선의 방법일 것이다. 이것은 나의 간증이기도 하다.

종종 나는 이런 식으로 말한다.

"나는 내 머리를 끄고 내 마음을 켰으며, 모든 의문들이 풀린 건 아님에도 불구하고 순종하는 마음으로 단순하게 믿는 편을 택했다. 그런 후에 머리를 다시 켰다. 성령께서 우리를 가르치시며 또한 우리가 믿은 후에 더 많은 걸 배울 수 있다는 사실에 나는 감사한다잠 2:1-6, 9:10; 요 14:26."

논리 재능 아이들에게는 하나님을 믿기 위해 그분에 관한 모든 것을 다 알 필요는 없다는 점을 말해 주어야 한다.

논리 재능 아이들이 예수 그리스도를 더욱 닮아 갈 때 하나님이 영광을 받으신다. 이 아이들의 영적 성숙을 위해서는 성경 공부와 묵상이 핵심 방법일 것이다. 설교 메시지에 귀 기울이거나 아이들 스스로 성경 주제들을 공부하는 것도 좋은 방법이다. 아마 이 아이들은 단순한 경건 서적보다는 논픽션 서적을 더 좋아할 것이다. 한 가지 주제를 깊이 파고들거나, 기도에 관한 여러 책들을 읽거나, 자신이 좋아하는 저자의 책을 모조리 읽을 수도 있다.

직업

논리 재능 아이들은 지성과 연관된 직업에서 가장 성취감을 느낄 것이다. 질문을 제시하고 대답을 평가하는 능력 때문에, 상담, 가르치기, 탐구, 경찰 업무나 과학 수사와 같은 공공의 안전과 관련된 직업들이 매력적일 수 있다. 만일 신체 재능도 뛰어나다면 자동차 정비사, 배관공, 전화 수리 기술자 같은 직업을 택해도 좋을 것이다. 과학이나 수학과 관련된 직업도 고려해 볼 수 있다. 지능상의 다른 강점들, 열정, 영적 은사들 역시 약사, 전기기사, 회계사, 부기 계원, 사정인, 컴퓨터 프로그래머, 은행원, 엔지니어, 회계 감사원, 기상학자 등과 같은 직업들 중 어느 것이 가장 적합할지에 영향을 미칠 수 있다.

소속 : 누가 나를 원할까?

논리 재능 아이들의 확실한 강점인 문제 해결 능력은 그들의 인간관계의 기반일 수 있다. 그들이 정확하고 유용한 정보와 상식에 맞는 조언을 제시하기 때문에, 심한 곤경에 처하거나 문제 해결 능력이 부족한 아이들이 그들을 친구로 택한다. 대체로 그들은 브레인스토밍에 능숙하며, 다른 사람들이 이해력을 높이는 새로운 질문들을 생각해내도록 도울 수 있다.

논리 재능으로 인한 질문 및 문제 해결 능력은 극단적인 경우 장애물로 작용할 수도 있다. 예를 들어 논리 재능 아이들은 문제를 지닌 아이들과만 사귀려 할 수 있다. 그들을 도울 때 자신의 중요성을 더 많이 느끼기 때문이다. 물론 이것은 건전하지 않다.

유머와 잡담이 논리 재능 아이들에게는 언짢을 수 있다. 유머와 우스개 소리를 불필요하거나 경박스러운 걸로 생각하는 아이들도 있다. 다른 아이들이 즐거워하는 일들을 그들은 어리석게 여기기도 한다. 이것이 스트레스로 작용할 수 있다. 왜냐하면 다른 아이들이 웃을 때 그들은 웃지 않으며 또한 소외감을 느낄 수도 있기 때문이다. 잡담이 그들에게는 따분할 수 있다. 그들은 숙고할 만한 가치가 있는 것에 대해 말하고 싶어하기 때문이다.

  논리 재능 어른들에게 더 해당되는 사항이지만, 논리 재능 아이들 역시 사람들을 사랑하기보다 분석하길 더 좋아하는 성향을 주의해야 한다. 몇 년 전 내 친구 하나가 편지를 보냈다. 우리의 우정이 위기에 처했음을 설명하는 내용이었다. 나는 놀랐지만 편지를 읽어내려 가면서 친구의 말이 옳다는 걸 알았다. 우리가 친해진 건 그 친구가 나의 문제 해결 능력을 통해 유익을 얻으면서였다. 그녀는 자신의 상황에 대해 얘기했고, 나는 질문을 던지며 해결책을 제시했다. 우리의 대화는 자연스럽게 그런 방향으로 흘렀다. 하지만 편지에서 그녀는 자신이 마치 내가 풀려는 문제 또는 내가 완수하려는 프로젝트인 듯한 느낌이 든다고 설명했다. 그녀는 나에게 자신의 말을 들어 주며 자신을 사랑해 줄 것을 부탁했다.

  내 친구가 자신의 고충을 말할 정도로 나를 신뢰했고, 나의 변화 가능성을 믿었으며, 그 결과 우리의 우정이 끝장나지 않은 사실에 대해 나는 지금까지 감사하고 있다. 여러 주에 걸쳐 솔직한 대화를 나누고 몇 가지 중요한 결정들을 내린 후에 새로운 리듬이 생겼고, 현재 우리는 전보다 더 가까워졌다. (그 친구에게 전화하기 전에 나는 오랫동안 기도했다. 질문 및 문제 해결 기술을 잠시 억제하고 듣는 기술과 동정심을 향상시켜 달라며 하나님께 간구드렸다. 나는 해결책보다는 동정심과 공감을 표하는 편을 택했다.)

  나는 고등학교 집회에서 종종 이 얘기를 한다. 많은 십대들은 자신의 부모도 자신을 그런 식으로 대한다고 말한다. 그 십대들은 부모의 문제 해결 능력과 사고력을 고맙게 여기지만 자신의 말을 부모가 들어 주었으면 할 때도 있다고 이야기한다. 심지어 간섭받기 싫어서 부모와의 대화를 기피한다고 말하는 십대들도 있다. 당신의 가정에는 이런 문제가 없는가?

하나님과의 연결

논리 재능 아이들을 하나님과 연결시키는 일은 언어 재능 아이들에게 하는 것과 매우 유사하다. 그들은 대체로 하나님의 진리와 지혜를 인정하고 받아들인다 요 14:6; 롬 11:33; 골 2:2-3.

사실 논리 재능 아이들은 단지 하나님에 '관해' 아는 것만으로 만족하는 성향을 주의해야 한다. 하나님을 알고, 믿고, 사랑하는 단계로 나아가야 한다. 이 아이들은 은혜, 자비, 무조건적 사랑과 같은 원리들에 대해 의아해 할 수 있다. 이것들을 잘 설명해 주고 본이 되어 주어야 한다. 하나님과의 온전한 연결을 위해서는 논리만으로는 충분하지 않다. 마음에서 우러난 반응도 요구된다.

안전 : 내가 누구를 신뢰할 수 있을까?

신뢰 대상

논리 재능 아이들은 사람들에게서 신뢰할 만하지도, 논리적이지도 않은 것을 거의 항상 발견할 수 있기 때문에 사람보다는 자신의 강점을 신뢰하기 쉽다. 그들은 자신의 문제 해결 능력, 수학이나 과학에 대한 이해력, 성적을 통해 안전 욕구를 채울 수 있다. 논쟁에서 이기거나 치밀한 논리로 자신을 변호하는 능력도 거기에 포함될 것이다.

부모에 대한 신뢰

자녀의 질문에 대답할 시간을 할애하는 부모는 그렇게 하지 않는 부모보다 자녀의 신뢰를 얻을 가능성이 더 많다. 자녀의 질문을 무시하며 안전한 것들을 탐구하도록 허락하지 않으면 아이들의 논리 지능이 차단되거나 마비되기 쉽다. 반대로 아이들의 호기심을 끄는 것을 함께 탐구하며 관련된 정보를 정확히 제시하면 아이들에게 긍정적인 영향을 미칠 것이다.

혼란스럽거나 모순처럼 보이는 일, 자신의 논리 욕구에 위배되는 사항들을 처리하는 법을 배우도록 돕는 것도 지혜로운 방법이다. 폭풍 가운데서도 평온함을 유지하는 법, 힘든 시기 동안 제기되는 의문들을 순순히 받아들이는 자세, 이치에 닿지 않는 듯한 상황을 극복하는 법을 본보기를 통해 가르치는 것 역시 매우 중요한 일이다.

훈육 문제나 동기 부여 문제를 해결하는 방법들에는 의욕을 실어 주는 질문, 해결할 문제 제시, 인과론적 사고, 이론적 근거 제시, 자녀의 추론 요청 등이 있다.

하나님에 대한 신뢰

논리 재능 아이들이 자신의 구원을 위해 예수 그리스도께 의지하기 위해서는, 부모와 목사와 주일학교 교사와 소그룹 리더들이 하나님과 영적 주제들과 그 자신에 관한 아이들의 모든 질문들을 경청하는 자세를 보여야 한다. 무엇보다 아이들의 질문을 존중한다는 것을 보여 주어야 한다. 부모는 성경 공부, 목사나 주일학교 교사들과의 대화를 활용해 자녀들과 함께 답을 찾아갈 수 있다. 당신이 하나님의 지혜를 간구하며 기도한다는 것을 자녀에게 보여 주어야 한다.

이런 대화 중에 부모는 가능한 한 자주 자녀의 마음에 호소해야 한다. 논리 재능 아이들에게는 머리의 지식이 보다 편안하겠지만 그들의 마음도 수반되어야 한다.

논리 재능 아이들은 구약성경과 신약성경 간의 논리적 일관성에 매료될 수 있다(신약성경에서 사실로 입증되는 구약의 예언들, 요한계시록의 하나님과 동일하신 다니엘서의 하나님 등). 사복음서의 일관성과 바울 서신들에서 반복되는 주제들도 이 아이들에게 의미심장하다. 욥기를 통해 이 아이들은 집요하게 질문하는 것이 그릇된 일은 아니지만 이해하지 못하는 부분이 있을 때에도 믿음이 가능함을 알게 될 것이다. 논리 재능 아이들에게는 이 문제가 가장 심란할 것이다. 기독교가 항상 이치에 닿아 보이진 않기 때문이다.

능력과 흥미

이 장에서 고찰한 내용을 활용해 아이들의 논리 재능과 흥미에 가장 적합한 사분면 위치에 이름을 적으라. 당신의 이름도 넣으라. 당신은 이 평가와 논리 재능 정보를 놓고서 곧바로 아이들과 함께 얘기하고 싶을 수도 있다. 나이에 따라 아이들은 자신의 흥미와 능력을 높이려면 어떻게 해야 할지 당신과 함께 의논할 수 있다.

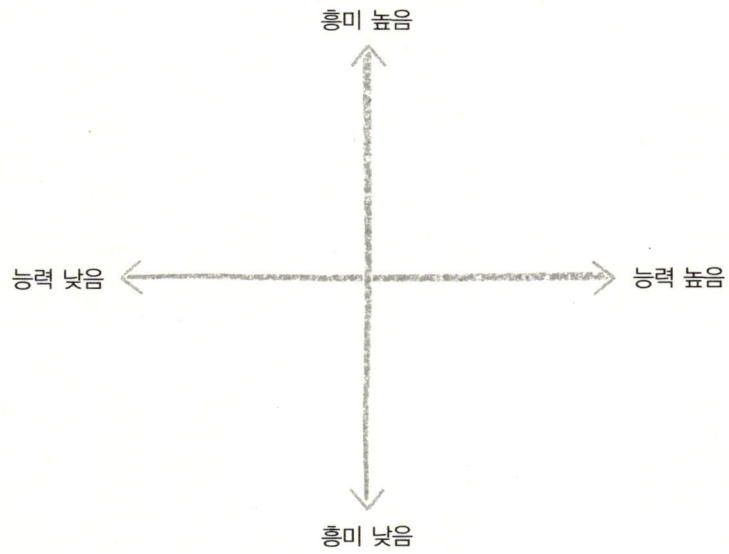

HOW AM I SMART?

chapter 5.
그림으로 생각하는 아이

그림 재능

매디는 몇 해 전 열린 나의 다중지능 세미나에 참석했다. 그녀는 나의 대학 제자로, 우리는 줄곧 연락을 해왔었다. 이제 30세가 된 그녀는 아이들에게 댄스를 가르치고 있다. 세미나가 끝나고 며칠 후 그녀는 긴 자필 편지를 보내 왔다. 편지를 읽으면서 나도 모르게 눈물이 흘러내렸다. 부모와 교사들이 다중지능을 이해하는 것이 얼마나 중요한지 다시 한번 생각하게 해주는 내용이었다. 일부를 소개하면 다음과 같다.

고등학교 2학년 때 저는 몹시 낙심했습니다. 창작이나 역사같이 제가 잘하는 과목들은 수업이 별로 없었고, 수학과 화학 같은 필수과목들이 저를 괴롭혔죠. 얼마나 많이 울었는지 모릅니다. 저 스스로도, 그리고 아마 선생님들도, 제가 별로 재능이 없다고 생각했을 겁니다.

수학과 과학은 대개 C학점이었어요. 합창이나 제게 쉬웠던 다른 과목들이나 가끔 A학점을 받았죠. 저는 그 과목들이 쉽게 느껴졌던 것이 저의 재능 때문이라고는 상상도 하지 못했습니다. 그냥 내용 자체가 쉽다고 생각했죠.

3학년 때 하급 과정의 역사를 수강했습니다. 상급 과정을 신청할 정도의 재능이 제게는 없다고 생각했거든요.

한번은 역사 선생님이 내년에 우리가 어떤 과정을 수강할 것인지 안내해 주었습니다. 선생님은 진지한 목소리로 상급 과정에 해당하는 서구 문명화는 너무나 어려운 내용이어서 우리 모두에게 벅찰 거라고 했습니다. 그러면서 우리의 기를 꺾어 놓을 만한 몇 가지 예들을 제시했답니다.

"여러분은, 흠, 모나리자를 누가 그렸는지……따위를 모두 배워야 해요." 그 순간 저도 모르게 "다빈치요."라는 대답이 나왔어요. 선생님도, 반 친구들도 동시에 저를 보았죠. 저는 약간 수줍어서 침을 꿀꺽 삼키며 선생님이 말을 잇길 기다렸습니다.

"그뿐만이 아니죠. 여러분은 몬티첼로를 누가 설계했는지도 알아야 해요." 저는 이번에도 "토마스 제퍼슨이요."라고 담담하게 말했습니다. 선생님이 또 저를 쳐다보았어요. 반 친구들도 고개를 돌렸죠.

선생님은 말을 계속 이었습니다. "여러분은 시스틴 성당 천정의 그림을 누가 그렸는지도 알아야 해요." 저는 곧바로 "미켈란젤로에요."라고 대답했어요.

이 대답들은 모두 무례한 마음에서가 아니라 얼떨결에 나온 것이었어요. 이것들은 다 상식 아니었나요?

결국 우리의 기를 꺾으려고 던졌던 선생님의 질문에 제가 모조리 대답했답니다. 하지만 수업 시간이 끝난 후 저는 그 과목을 택하지 않기로 결심했습니다. 모두들 그 과목이 정말 힘들어서 재능 있는 아이들만 감당할 수 있다고 말했기 때문이었어요. 저는 스스로 재능이 없다고 생각했거든요. 제게 다가와서 "이봐, 넌 시각적 사고와 분석력이 뛰어나. 이 과목은 너를 위한 거야!"라고 말해 주는 사람은 한 사람도 없었죠.

저는 훗날 대학에 가서야 유사한 과목을 택했고 우수한 성적을 받았답니다.

매디의 이야기에 공감하는가? 당신의 자녀는 매디처럼 정확히 대답할까? 또한 그랬을 경우에 자신의 재능을 알아차릴까? 비록 그림 재능을 경시하는 학교들이 많지만 이 재능이 얼마나 유용할 수 있는지 아는가? 이 강점들이 평가 절하될 때 얼마나 실망스러운지 당신은 느낄 수 있는가?

역량 : 내가 잘하는 건 무엇일까?

그림 재능 아이들은 눈으로 생각한다. 그 아이들은 책 속의 그림, 다이어그램, 지도, 도표, 삽화들에 관심을 기울인다. 매디가 역사 선생님의 질문에 대답할 수 있었던 것도 그 때문이다. 다른 그림 재능인들처럼 그녀도 그림으로 생각한다.

또한 그림 재능 아이들은 어떤 대상을 조사하거나 실습 시간에 관심을 집중할 때에도 시각적 능력을 활용할 수 있다. 그 결과 많은 정보를 얻을 것이다. 하지만 어떤 대상과 실습에 대해서는 너무 마음이 이끌리고 산만해진 나머지 선생님의 설명 도중에 마구 끼어들기도 한다. 이 경우에는 보기를 중단하고 듣기 시작할 수 있는 자제력이 요구된다.

이 아이들은 관련성이 없는 것들에 몰두할 수도 있다. 예를 들어 만일 역사 교사가 특이한 디자인의 옷을 입고 있다면 그림 재능 학생들은 교사의 말에 귀 기울이는 대신 그 디자인을 분석할 수 있다. 우리 아이들은 내 셔츠에 묻은 얼룩, 주방에 비뚤게 걸린 그림들, 식탁 위의 죽은 꽃들을 지적하기도 했다. 그 아이들은 자신의 눈을 닫기가 어렵다고 말한다.

그림 재능 아이들은 그림, 다이어그램, 색깔들을 자신의 마음속에 그릴 수 있는 능력이 있다. 예를 들어 당신이 양초, 역마차, 화산과 같은 단어들에 대한 영상을 쉽게 떠올린다면 이는 그림 재능 때문이다.

누구나 어느 정도는 그림 재능을 지니고 있으므로 이 단어들에 대한 영상을 떠올릴 수 있다. 하지만 그림 재능이 뛰어난 아이들은 그것을 마음속에 그리길 원하고 쉽게 그리며 다양한 색들을 사용해 상세하게 그릴 것이다. 반면 다른 아이들은 대략적인 스케치를 떠올리기 위해서도 잔뜩 집중해야 할 것이다.

"내게는 어떤 재능이 있을까?"를 다루는 학교 프로그램에서 나는 '화산'이라는 말을 들을 때 그 그림을 떠올릴 수 있는 사람이 있느냐고 묻는다. 그러면 손을 드는 아이들이 약 75% 정도 된다. 이어서 용암의 색깔을 생각나는 대로 묘사하라고 말한다. 인상적이게도 많은 아이들이 재빨리 확신 있게 대답하는 경우가 많다.

"그건 대부분 붉은 오렌지색이며 일부는 진홍색이에요."

"붉은 오렌지색이 더 강하며, 가장 뜨거운 부분에서는 형광색이 발해요."

"용암의 일부는 시커멓게 보여요."

그림 재능이 뛰어난 사람은 어떤 단어나 광경을 마음속에 그리기 위해 일부러 애쓰지 않는다. 자동적으로 그림이 떠오르기 때문이다. 마음속에 그리는 일은 그들의 강점 중 하나이다. 이 그림들이 그들의 이해와 기억력과 즐거움에 도움이 되지만 종종 역작용을 일으킬 수도 있다. 그 영상들이 수업과 무관할 때에는 도움이 되지 않는다. 게다가 공상에 빠져들어 버릴 수도 있다.

모든 아이들이 때로는 공상에 빠져든다. 아이들의 공상을 유발하는 것은 어떤 지능이냐에 따라 다르다. 공상에 빠지는 방식도 마찬가지이다. 언어 재능 아이들은 자신의 공상을 '나 자신과의 대화'라고 묘사한다. 그림 재능 아이들은 '아름다운 동영상' 또는 '부모나 선생님들이 이야기하는 것보다 훨씬 더 재미있는 연기를 보여 주는 영화'로 묘사한다.

그림 재능 아이들이 들뜬 기분에 사로잡히면 마음속의 그림에다 무엇인가를 보탠다. 디자인 속에 다른 색과 모양을, 늪 속에 다른 공룡을, 문간에 활짝 핀 꽃을, 무대 위에 음악가를 보탠다. 그 아이들은 "내 마음속의 영화가 더 빨리 돌아가요."라고 말하곤 한다. 그 아이들이 흥분될 때에는 영상이 더 빠르고 요란하게 작동하며 색이나 디자인이 더 다양해지는 것이다.

모든 그림 재능 아이들은 마음속으로 보고 그리는 강점이 있다. 어떤 아이들은 색채와 미술에 조예를 보이며 정확하고 상세하게 스케치하거나 그림을 그리거나 색칠할 줄 안다. 어떤 아이들은 작업 공정도와 다이어그램에 매료되며 복잡한 디자인이나 블록 쌓기에 능숙하다. 하지만 이런 일들을 몹시 힘들어 하는 사람들도 있다.

그림 재능에 대해 생각하면 조카 앤디가 생각난다. 어렸을 때 앤디는 여러 시간 동안 장난감 기차를 가지고 놀면서 구조를 바꾸기도 했다. 또한 온갖 종류의 블록들로 복잡한 구조물을 만들었다. 그 아이는 그것들을 만들기 전에 이미 마음속으로 그렸다. 만일 부모가 "모조리 치워!"라고 소리지르거나 "오늘 꼭 해야 할 일도 하지 않고 뭐하는 거니?"라고 나무랐다면 그의 그림 재능은 마비될 수도 있었다.

이제 앤디는 자신의 그림 재능을 발휘할 수 있는 비디오 게임을 즐길 정도의 나이가 되었다. 이 강점은 학교 생활에도 도움이 된다. 앤디는 화학 구조를 기억할 수 있다. 교과서를 덮은 후에도 마음속으로 볼 수 있기 때문이다. 그는 대수 문제를 친구들보다 더 잘 이해할 수 있다. 선생님이 묘사한 대로 머릿속에 그림을 그릴 수 있기 때문이다. 앤디가 어릴 적에 놀면서 이 지능을 활성화하고 그렇게 하도록 부모가 허용한 것이 오늘날과 같은 좋은 결과를 낳았다.

앤디의 그림 재능은 운동 경기에서 도움이 되기도 했다. 그는 감독이 묘사한 대로 농구 경기를 마음속에 그릴 수 있다. 축구할 때에는 공이 떨어지는 위치를 그림 재능이 부족한 선수보다 더 정확히 그릴 수 있다. 앤디가 몇 년 후 대학에서 공학을 전공할 생각이라는 사실에 나는 전혀 놀라지 않는다.

내 조카의 사례가 보여 주듯이, 그림 재능을 통한 관찰 능력은 여러 과목에서 요긴하다. 수학에서 관찰력이 있으면 더하기 부호를 빼기 부호로 오인하는 일이 드물 것이다. 미술에서 그림 재능 학생들은 색깔은 물론이고 크기에도 주목할 것이다. 음악에서 그림 재능 아이들은 악보의 반음내림표를 놓치지 않을 것이다.

그림 재능은 글자와 숫자를 익히는 데에도 도움이 된다. 이 재능을 일찍부터 활성화하려고 애쓰는 이유 중 하나도 바로 이 때문이다. 'b와 d', 'was와 saw', '6과 9'를 잘 구분하지 못하는 아이들을 위해서는 철자와 단어와 숫자를 단순히 반복 주입하기보다는 그림 재능을 강화시키는 것이 좋다.

아이스캔디 같은 걸로 어떤 형체를 만들게 하거나 색칠하게 하는 것도 좋은 방법이다. 주변에 보이는 디자인이나 형체들에 대해 이야기를 나누고서 그것들을 그리게 하거나 블록으로 만들어 보게 하는 것도 아이들의 그림 지능을 일깨우는 데 도움이 된다. 트라이앵글이나 각기 다른 방향으로 향하고 있는 새들을 그린 그림에 관심을 돌리게 하는 것도 좋은 생각이다.

우리가 늘 한 번에 한 가지 이상의 지능에 의존한다는 점을 기억하라. 예를 들어 그림 재능 강점을 지닌 아이들이 신체 재능에도 탁월하다면 그 아이들은 눈-손의 공동 작용에서 뛰어난 면을 보일 것이다. 글씨를 또박또박 예쁘게 쓸 것이고, 다른 아이들에 비해 조각품을 쉽게 만들 것이다. 또한 물건들을 분해했다가 다시 조립하는 일을 즐길 수도 있다. 논리 재능까지 활용한다면 이런 일을 더욱 성공적으로 해낼 것이다.

한편, 그림 재능과 논리 재능이 결합하면 기하학이 더 쉬워질 것이다. 이것은 일찍부터 파악될 수 있다. 어린아이들 중 일부만이 정사각

형과 직사각형이 다르다는 것을 쉽게 배우기 때문이다. 삼각법, 미적분, 고등 대수학 역시 그림 재능과 밀접한 분야들이다. 이 분야들에 관한 이해력과 성적을 높이길 원한다면 단지 수학 원리들을 공부하기보다는 그림 재능을 개발하는 것이 더 효율적일 수 있다.

그림 재능 아이들은 아마 창의적인 글과 픽션과 역사를 즐길 것이다. 그들의 마음눈에는 등장인물들이 살아 움직이는 것처럼 보인다. 나는 이를 단어를 통해 그림을 연상하는 것 정도로 생각했다. 하지만 그림 재능이 뛰어난 한 친구는 "단어들이 글 속에서 튀어나와 그림을 이룬다."고 표현했다.

그림 재능 아이들이 성경을 읽거나 다른 사람이 그 아이들에게 성경을 읽어 줄 때에도 그들의 마음눈에는 성경 인물들이 살아 움직이는 것처럼 보인다. 물고기 뱃속에 있는 요나나 물 위를 걸으시는 예수님을 다양한 색들로 생생하게 묘사한다.

예수님이 그분을 "생명의 떡"이라고 말씀하시는 부분에서는 요 6:35, 그림 재능 아이들은 한 조각의 빵으로 변하시는 예수님을 떠올리며 웃음을 터뜨릴 수도 있다. "그런데 캐시 박사님, 예수님은 지겨운 흰빵이 아니세요. 그분은 우리 엄마가 만들어 주는 것 같은 잡곡빵이세요."라고 이야기했던 한 아이를 나는 결코 잊지 못할 것이다.

논리 재능 아이들의 경우에서와 마찬가지로, 그림 재능 아이들의 이 같은 말에 어떤 반응을 보이느냐에 따라 그들의 지능을 마비시킬 수도 있고 더 강화시키도록 격려할 수도 있다. 내가 종종 이야기하듯이, 우리가 하는 말들과 하지 않는 말들이 아이들의 삶을 변화시킨다. 우리는 항상 경계하고 주의해야 한다!

학습법과 교수법

학습 시간에 그림 재능을 활성화하려면, 관찰, 그리기, 스케치, 영상화, 교사나 작가들에 의해 사용된 표현에 주목하기 등과 같은 활동들을 권장하라. 그림, 다이어그램, 지도, 실험 등에 초점을 맞추는 것도 그림 지능을 발달시키는 한 방법이다. 교사들은 이 도구들을 활용할 수 있고, 아이들은 혼자서 또는 친구들과 협력해 그것들을 개발할 수 있다.

그림 재능 아이들에게 "눈을 감고 그림을 보라."고 말하는 것은, 그 아이들의 자연적인 능력에 집중하게 하는 데 도움이 된다. 그들은 배우려고 하는 단어, 기억하려고 하는 자료, 역사적 사건들의 순서 등을 그림으로 떠올릴 수 있다.

또한 무엇인가를 가르치기 시작할 때 "이것을 그려 보렴." 하고 말할 수도 있다. 숙제하거나 시험 칠 때 그림 재능 아이들은 "과연 이것이 올바른 그림일까?" 하고 자문할 수 있다. 교사와 부모들 역시 아이들의 그림 재능적 사고를 자극하기 위해 그런 질문을 할 수 있다.

교과 과정 전반에 걸쳐 미술과 디자인과 색을 활용하는 것은 적절한 방법이다. 예를 들어 수업 시간 중이나 숙제할 때 아이들은 어떤 어휘나 철자법을 그림으로 연상할 수 있다. 만일 아이들이 '아파트', '콘도미니엄', '다세대주택', '공공 수용시설' 같은 어휘들을 공부하고 있다면, 적절한 날을 잡아서 이것들을 그려 볼 수 있다. 숙제가 각 단어를 정의하는 것일 수도 있다. 혹은 한 이야기를 다양한 단어들로 묘사하는 숙제일 수도 있다.

그림 재능 아이들은 그리기와 창의적인 글짓기를 즐기며 이들을 통해 유익을 얻을 것이다. 그리기와 글짓기는 아이들의 이해력과 기억력을 향상시킬 것이다. 그림을 얼마나 잘 그렸는지를 굳이 평가할 필요는 없다. 아파트가 공공 수용시설처럼 보이는가? 다세대주택을 단독주택과 구분할 수 있게 그렸는가? 주의하라. 그림을 보면서 "이게 뭐야?" 하고 묻는다면 아이들의 그림 재능이 마비될 수도 있다.

만일 당신의 딸이 'penny' 라는 단어에서 'y' 를 빼트린다면, 이 단어를 공부할 때 노란색 크레용으로 'y' 자를 쓰게 해보라. 이 색깔의 도움으로 아이는 철자 시험 때 'y' 자를 쉽게 떠올릴 수 있다. 대학생들이 즐겨 사용하는 특정 내용을 돋보이게 하는 방법도 좋을 것이다. 아이들이 그 방법을 책에 사용하지는 못할 수도 있지만, 노트와 프린트물과 기타 학습 자료들에는 사용할 수 있다.

주요 개념들, 인과관계들, 묘사적인 형용사들, 그 밖에 다른 여러 가지 내용들을 돋보이게 하면 개념들을 기억하는 데 도움이 될 수 있다.

아이들은 자신이 좋아하는 한 가지 색을 계속 사용하거나 한 가지 이상의 색을 활용하는 색깔 암호를 사용할 수 있다(주요 개념들은 노란색으로, 주요 어휘들은 녹색으로).

'창조하다', '설명하다', '묘사하다', '예를 들다', '보여 주다' 와 같은 그림 재능적 사고를 촉진시키는 동사들을 활용하는 것도 효과적인 접근법이다. 교과서를 읽고 노트를 다시 볼 때, 아이들은 시험에 나올 수 있는 내용이나 문제들을 생각해낼 수 있다. 예를 들면 이렇다.

"종이를 만드는 과정을 예를 들어 설명하라."

"그 이야기의 배경을 상세히 묘사하라."

"다니엘의 믿음을 어떻게 설명할 수 있겠는가?"

만일 당신이 자녀의 공부 내용에 익숙하다면 당신이 이런 질문들을 만들어낼 수도 있다.

앞에 언급된 모든 내용은 그림 재능적 사고에 뛰어나지 않은 아이들에게도 도움이 될 수 있다. 하지만 그런 아이들에게는 시각화의 유익을 가르치며 시각화할 수 있는 시간을 주는 것이 중요하다.

나는 지난 몇 년간에 걸쳐 이 지능을 개발해 왔다. 하지만 그림 재능을 아주 중요하게 여긴 것은 아니었다. 초등학교 2학년생들, 중학교 운동선수들, 대학생들을 가르칠 때 그림과 시각적 사고를 활용했지만, 나 자신이 공부할 때에는 이 재능에 의존하지 않았다. 내가 그림 재능을 강화할 마음을 먹기 시작한 것은 그림 재능에 뛰어난 사람들과 교류하면서였고, 많은 아이들이 이 강점을 지니고 있음을 깨달으면서부터였다.

시각화를 '선택'하자 성경 이해와 기억력 향상에 도움이 되었다. '선택'이라는 말이 중요하다. 그림 재능이 뛰어난 학습자들은 시각화를 굳이 선택할 필요가 없다. 그들이 원하든 원하지 않든 그들의 마음속에 영상이 자동적으로 떠오른다. 그러나 우리 중에는 시각화를 의식적으로 선택할 필요가 있는 사람들이 있다. 내 경우에는 그림 지능이 8가지 지능 중 심지어 여섯 번째에도 들지 않지만, 6개월 전에 비하면 많이 발전했다.

동기 부여와 필요성이 관건이다. 내가 개인적으로 어느 정도나마 이해하지 못했다면 본장을 쓰는 건 불가능했을 것이다. 은혜로우신 하나님께서 우리에게 8가지 지능을 모두 주셨기 때문에 내가 그림 재능에도 관심을 가질 수 있었다. 당신의 자녀에게도 그런 식으로 장려할 수 있다.

정체성 : 나는 누구인가?

처음 만나는 사람에게 그림 재능 아이들은 자신이 최근에 그리거나 색칠하거나 만든 것에 대해 이야기할 수 있다. 자신의 상상력과 창의성과 학구적 노력에 대해 말할 수도 있다. 그 아이들은 장시간 동안 한 가지 일을 하기 힘들어 하는 경향이 있으므로 "너무 지겨워!" 하고 짜증낼 수도 있다. 또한 자신이 즐기는 축구와 드라마에 대해서도 말할 수 있다. 그 아이들은 마음속에 그림이 절로 떠오르는 까닭에 예리한 유머 감각을 발휘하기도 한다.

학교에서 보내는 시간은 단어와 숫자에 대해 생각하고 말하는 데 많이 할애된다. 따라서 언어 재능과 논리 재능이 부족한 그림 재능 아이들은 힘들어 할 수 있다. 모든 단어와 숫자를 시각화할 수 있는 것은 아니므로 낙심할 수도 있고, 학습 부진에 빠질 수도 있다. 그런 아이들을 돕기 위해서는 수학적 사실을 가르칠 때 이야기와 그림을 활용할 수 있다. 앞의 세 지능들이 함께 작용할 것이며, 아이들이 의도적으로 한 가지 이상의 지능을 사용할 때 보다 정확하게 이해하고, 습득한 내용을 보다 오래 간직할 것이다.

수학 개념들을 가르치기 위해 이야기와 그림들을 잘 활용하는 '즐거운 시간표'라고 불리는 커리큘럼이 있다. '6×6=36'을 설명하기 위해 다음과 같은 이야기로 머릿속에 그림을 그리게 한다.

> 두 명의 '6'이 사촌을 방문하기 위해 뜨거운 사막을 걸어서 건넜다. 사촌에게 도착했을 때 그들은 몹시 목이 말랐다 thirsty. '6×6'은 얼마일까? 바로 'thirsty-six' 이다!('thirsty'와 'thirty'의 철자가 비슷하다.)*

---

* 이 프로그램에 대해 더 상세히 알아보려면 www.CityCreek.com을 참조하라.

때로는 이 강점이 학습 문제를 야기할 수도 있다. 예를 들어 그림 재능에 뛰어난 아이들은 원숭이를 뜻하는 단어의 철자가 'm-o-n-k-e-y'인 것은 원숭이에게 꼬리가 달려 있듯이 이 단어의 끝에도 꼬리y자가 달려 있기 때문이라고 생각할 수 있다. 그렇게 머릿속에 새겨두면 어떤 일이 일어날 수 있을까? 그 아이들은 'money', 'Mikey', 'many'도 꼬리를 달고 있으므로 'monkey'라고 읽을 수 있다. 또한 그림 재능 아이들은 'elephant'를 외울 때 가장 긴 단어라고 기억할 수 있다. 이 경우에는 비슷한 길이의 단어들을 섞어 두면 제대로 분간하지 못할 것이다.

갈등

그림 재능 아이들은 자신의 눈을 경계할 필요가 있다. 이 아이들은 보지 말아야 할 것을 봄으로써 죄를 지을 수 있다. 또한 외모로만 사람이나 물건들을 판단하는 경향이 있다. "표지로 책을 판단하는 것"은 하나님의 방식이 아니다. 하나님은 중심을 보신다 삼상 16:7.

그림 재능 아이들이 빠질 수 있는 또 다른 함정이 있다. 상세한 부분까지 살필 수 있는 시각적 능력이 있으므로, 비판적이며 부정적인 눈으로 다른 사람의 의복이나 장식을 보기 쉽고, 학교 프로젝트에서 나타나는 가시적 결함들을 지적하기 쉽다.

목적 : 내가 사는 이유는 무엇인가?

하나님 증거하기

우리의 자녀들은 창조주의 배려로 다중지능을 얻었다. 아이들이 자신의 재능을 그분의 목적을 위해 사용할 수 있도록 더욱 분발해야 한다. 아이들은 자신의 선택으로, 그리고 그리스도를 닮아 성숙해짐으로써 하나님을 찬양하고 그분께 영광을 돌릴 수 있다. 그분은 찬양과 영광을 받기에 합당하시다!

그림 재능 아이들은 자신의 눈을 자신과 다른 사람들을 해치기보다는 돕는 데 사용함으로써 하나님께 영광과 존귀와 찬양을 돌릴 수 있다. 그들이 하나님을 영화롭게 하는 그림을 창작해 다른 사람들로 하여금 그분에 관해 생각하도록 유도할 때 하나님은 기뻐하신다.

그림 재능 아이들은 자신의 기술을 개발해 학교 웹사이트 포토그래퍼로, 연감 디자이너로, 학교 축제 때 발표할 뮤지컬의 의상 및 무대 연출가로 봉사할 수 있고, 학교 행사들을 광고하기 위한 팸플릿을 제작할 수도 있다. 또한 교회 학생부실의 분위기를 상쾌하게 만들기 위해 가구들을 정돈하며 예쁜 포스터를 걸고 조명을 달 수도 있다.

그림 재능 아이들은 자신과 함께하시는 그리스도를 그림으로써 영적으로 성숙해질 수 있다. 예를 들면 이렇다.

예수님이 수학 시험을 치신다면 어떻게 준비하실까?

예수님은 미식축구에서 지신다면 어떤 반응을 보이실까?

예수님은 음악 선생님을 어떻게 대하실까?

당신은 영적 훈련에 임하는 아이가 시각화 능력을 활용하도록 도울 수 있다. 예를 들어 만일 자녀의 보다 진지한 자아 성찰을 원한다면, 당신은 그것을 수술로 묘사할 수 있을 것이다. 그 아이들은 자신의 심장 속에 그늘지거나 시커먼 부분이 있는지 둘러볼 수 있다.

죄를 자백하는 아이에게는 하나님의 임재 속으로 들어가는 자신을 그려 보게 하라. 하나님의 임재 속으로 들어갈 때 그분의 신체언어와 얼굴 표정을 묘사할 수 있는지 물어보라. 예수님이 기쁜 표정으로 보시는가? 아이들이 죄를 자백할 때 그분의 표정이 변했는가?

다른 역본들에 비해 이야기 형태를 강화한 『더 메시지 The Message』 같은 성경 역본은 그림 재능 아이들의 신앙 성장에 도움이 될 수 있다. 『확대역성경 The Amplified Bible』도 마찬가지이다. 이 성경은 헬라어와 히브리어 원어들을 한 가지 이상으로 번역하고 있기 때문이다. 이 추가적인 단어와 문구들을 읽고 들으며 공부하는 아이들은 보다 상세한 내용을 시각화할 수 있다. 예컨대 빌립보서 4:6-7을 확대역성경에서는 이렇게 번역한다.

아무것도 안달하거나 염려하지 말고, 모든 상황과 모든 일에서,

chapter 5. 그림으로 생각하는 아이

기도와 간구로 너희 구할 것을 감사함으로 줄곧 하나님께 아뢰라. 그리하면 모든 지각에 뛰어난 하나님의 평강이(그리스도를 통한 구원을 확신하며 그래서 아무것도 두려워하지 않고 어떤 상황에서도 만족하는 영혼의 평온한 상태가) **그리스도 예수 안에서 너희 마음과 생각을 지키며 호위하시리라.**

당신이 그다지 그림 재능에 뛰어나지 않다면 경건의 시간을 위해 사용하는 물리적 공간이 그림 재능 아이들에게 중요하다는 사실에 대해 놀라워할 수도 있다. 적절한 가시적 환경이 마련되지 않으면 그림 재능 아이들의 마음이 산란해질 수 있다. 이 아이들은 특정 방식의 조명이나 특정 색깔로 장식된 공간을 원할 수도 있다. 가정 예배나 토론을 위한 가시적 분위기도 고려 대상이 될 수 있다.

그림 재능 아이들은 교회 예배실에 디자인적 요소가 갖춰지길 원할 수도 있다. 얼마 전 여러 부모들에게 다중지능에 대해 가르쳤다. 모임 장소로 사용된 예배당의 벽면은 높기만 할 뿐 아무런 장식도 없었다. 미적 감각이 결여된 벽면 때문에 기분이 별로라고 말하는 사람들이 절반 가량이었다. 많은 아이들 역시 그렇게 말했을 거라고 생각한다.

직업

그림 재능 아이들이 졸업 후에 가장 성공할 수 있는 분야는 무엇일까? 이와 관련해 다른 두세 가지 지능 강점들도 강력한 영향을 미칠 것이다. 예를 들어 그림 재능과 신체 재능에 뛰어나다면 눈이나 운동 기술과 관련된 직업들에 관심을 가질 것이다(예 : 제도사, 건설 노동자, 북 일러스트레이터, 의류 디자이너, 포토그래퍼). 자연 재능과 그림 재능이 결합하면 도시 계획, 원예, 조경술, 항해에 마음이 이끌린다.

그림 재능 아이들의 진로와 관련해 고려할 수 있는 또 다른 사항은, 색, 미술, 디자인, 다이어그램 중 어느 것에 뛰어난 면을 보이는가이다. 이 차이가 미술 교사, 기하학 교사, 엔지니어, 조각가, 인테리어 디자이너, 영화나 비디오 게임 제작자, 파일럿, 측량사, 패션 디자이너, 쇼윈도 장식가 같은 직업들에 어떤 영향을 미칠 것인지 생각해 보라.

소속 : 누가 나를 원할까?

그림 재능 아이들은 비슷한 재능을 지닌 아이들과 함께 영화나 전시회를 관람하거나 미술관을 방문함으로써 소속 욕구를 가장 잘 만족시킬 수 있다. 함께 비디오 게임을 즐길 수도 있다. 아니면 거리를 걸으며 건축술이나 색채를 감상하며 비평하는 건 어떻겠는가?

그림 재능에 뛰어난 많은 여자아이들과 일부 남자아이들이 스크랩북 만들기를 즐긴다. 그 아이들의 엄마들도 스크랩을 즐긴다면 그 관계가 더욱 강화될 것이다. 여자아이들은 함께 쇼핑하거나 다양한 스타일로 꾸미는 걸 즐길 수도 있다. 여러 색깔의 화장과 독특한 헤어스타일을 시도해 보기도 하고, 자신의 침실에 새로운 장식을 시도하기도 한다. 또한 그 아이들은 그림 재능을 덜 가진 친구들에게 조언할 수도 있다. 옷은 어떻게 입어야 예쁠지, 사진은 어디에 걸어야 어울릴지, 포스터 만들기 숙제를 어떻게 할지 말이다. 그림 재능 아이들은 행사에서 찍은 사진으로 앨범을 만들어 선물로 주기도 한다.

그림 재능 아이들의 창의성은 우정을 돈독히 하는 데 도움이 될 수 있다. 유머 감각도 마찬가지이다. 이 특성들이 논리 재능 아이들과 언어 재능 아이들에게 스트레스를 줄 수도 있으므로, 그림 재능 아이들은 다른 아이들을 배려할 줄 알아야 한다.

하나님과의 연결

그림 재능 아이들은 자신의 창의성을 소중히 여기기 때문에 창조주이신 하나님을 잘 이해하며, 창세기 1:27, 시편 51:10, 에베소서 2:10, 골로새서 1:16 같은 성경 구절들에 쉽게 공감할 수 있다. 자신이 하나님의 형상으로 지음 받았음을, 그분이 창의성의 근원이심을 이해할 때 이 아이들은 크게 감명받을 수 있다.

그림 재능 아이들은 다른 모든 것과 마찬가지로 하나님도 자신의 눈으로 생각한다. 따라서 스테인드글래스, 미술품, 보석, 영화 등이 이 아이들을 하나님께로 이끌 수도 있다. 당신의 그림 재능 자녀들과 함께 다양한 최후의 만찬 그림과 다양한 십자가 목걸이를 감상하고 있다고 생각해 보라. 미술관에서든, 그림 가게에서든, 책이나 카탈로그에서 보는 것이든 풍성한 토론을 나눌 수 있을 것이다.

이 아이들에게는 기사체의 성경 내용이 가장 매력적일 수 있다. 여러 시편들, 구약의 영웅들과 전투들에 관한 기록, 예수님의 비유와 실물 교훈과 이적들에서 그림 재능 아이들은 특별한 매력과 교훈을 찾을 수 있다.

안전 : 내가 누구를 신뢰할 수 있을까?

신뢰 대상

그림 재능 아이들 중에는 자신의 '똑바로' 보는 능력을 신뢰하는 아이들이 더러 있다. 아마 이 아이들은 자신의 미술과 디자인 실력을 신뢰하며, 포스터 같은 실습 과제물을 완벽하게 만들 수 있다고 믿을 것이다. 그들의 운동 실력도 어느 정도는 그림 재능 덕분일 수 있으며, 그래서 그것을 신뢰하기 쉽다.

이 아이들은 비디오 게임을 통해 강점을 개발할 수도 있다. 자신의 게임 점수를 기억하고 다른 사람들의 점수와 비교할 수 있으며, 친구들보다 높은 점수를 받는 데서 안전감을 느끼기도 한다.

부모에 대한 신뢰

아이들은 자신의 솜씨와 관심이 진지하게 받아들여질 때 부모를 더 신뢰하는 경향이 있다. 그림 재능 아이들에게 있어서는 시각적 재능을 더욱 개발할 수 있는 활동을 찾도록 돕는 일이 그것이 될 것이다. 예를 들면 미술관 방문, 미술과 관련된 생일 선물, 건축가나 엔지니어와의 만남 주선, 매주 건축 지구 방문, 노인 부부의 집을 칠하고 장식하는 교회 봉사 활동에 자원하기 등이다.

그림 재능 아이들에게는 어느 정도는 자신의 침실을 정돈하고 꾸미도록 허용해 주라. 주방 창문 아래에 꽃을 심는 일을 한번 맡겨 보라. 이것은 그들의 재능을 존중해 주는 한 방법이다. 아이들 자신이 부모의 신뢰를 받는다고 느낄 때 부모를 신뢰하기도 더 쉽다.

약 13년 전 일이지만, 새로 이사한 집에서 아버지가 사진 거는 일을 도와주셨던 것을 지금도 생생히 기억한다. 아버지는 성공적인 엔지니어였고 시각적으로 생각하셨다. 물건을 만들기 전에 이미 그 모양을 상세하게 보셨고, 독특하고 멋진 필체를 지니셨다. 할아버지도 그러셨다.

액자를 소파 위에 걸어야 할지에 대해 내가 망설였지만, 아버지는 꼭 걸어야 한다고 하셨다. 나중에서야 알았지만, 아버지는 소파의 정중앙에 액자를 거셨다. 아버지의 눈은 정확했다.

지금도 나는 그 액자를 보면서 웃을 때가 종종 있다. 아버지의 판단이 옳았다. 색깔과 배치가 완벽하다. 나는 아버지를 신뢰하길 잘했다고 생각한다.

그림 재능 자녀를 훈육하고 동기 부여를 할 때는 묘사적 표현을 사용할 수 있다. 그 아이들의 마음속에는 그림이 그려질 것이다. TV 쇼나 영화의 한 장면을 찍은 사진을 활용할 수도 있다. 예를 들어 만일 딸의 무례한 행동을 지적해 주고 싶다면, TV나 영화의 한 장면을 찍은 사진들을 활용해 당신의 마음을 표현할 수 있다. 그러면 매우 효과적일 것이다. 그 사진들에 나타난 태도들을 함께 비교해 보는 것도 매우 효과적인 방법이다. 아이들과 함께 대화하면서 아이들 스스로 문제 행동에 대한 해결 방법을 그려 보게 하는 것도 효과적일 수 있다.

내가 만나 본 그림 재능 아이들 중에는 어려운 토론을 하는 동안에는 부모의 얼굴을 보고 싶지 않다고 말하는 아이들이 너무나 많았다. 그들은 아빠의 눈에 새겨진 실망감이나 엄마의 얼굴에 드러난 분노를 결코 잊을 수 없으며, 그래서 아예 보고 싶지 않다고 설명한다.

이 점에 대해 곰곰이 생각해 보라. 그리고 때로 당신의 아이들이 당신과 눈을 마주치고 싶지 않은 이유가 바로 이런 이유 때문은 아닌지 직접 물어보라. 그냥 무작정 "내가 말할 땐 반드시 날 봐!" 하고 명령해서는 안 될 것이다.

하나님에 대한 신뢰

나는 하나님이 종종 우리의 지능을 통해 우리와 교류하심을 믿는다. 그림 재능 아이들은 다음과 같이 말할 수 있다.

"내가 해야 할 일을 보았어요."

"하나님이 다음 단계를 내게 보여 주셨어요."

"난 무엇을 할지를 알아요. 1등이 되려고 애쓰는 내 모습이 보여요."

당신은 이런 말들을 진지하게 받아들일 필요가 있으며, 하나님이 같은 방식으로 당신과 교류하지 않으신다는 이유만으로 그것들을 거부해서는 안 된다. 아이들이 이런 시각적 재능을 믿고 받아들이도록 돕는 일은 매우 중요하다.

아이들이 기도하고 예배할 때 보는 것을 묘사하거나 그리도록 하는 것도 매우 유익할 수 있다. 자신의 심상이 신뢰받음을 알 때 아이들은 하나님을 더욱 신뢰할 것이다.

가정 예배에서나 개인 성경 공부 시간에도 이 방법이 중요하다. "내가 이 구절을 읽을 때 너는 무엇을 보았니?"라고 물어보라. 이것은 "네가 배운 건 무엇이니?" "예수님이 우물가에 도착하셨을 때 가장 먼저 하신 일이 뭐지?"와 같은 전통적인 질문들보다 더 도움이 될 것이다. 성경 공부 시간에 오천 명을 먹이시거나 막 6:34-44 나사로를 치유하시는 요 11:1-44 예수님을 본다면, 아이들은 이 이적들을 더 잘 믿을 수 있으며, 따라서 신앙이 자랄 것이다. (나는 이 문장에서 '본다면'이라는 말을 따옴표 안에 넣고 싶었다. 아이들이 실제로 예수님을 본 것은 아니기 때문이다. 하지만 그럴 수가 없었다. 그럴 경우에는 실재성이 약화되기 때문이다. 그림 재능 아이들 중에는 마음속으로 정말 예수님을 보는 아이들이 많다.)

능력과 흥미

아이들의 능력과 흥미를 아래의 사분면에 표시해 보자. 당신의 자기 평가도 포함시키라. 당신이 계속 관찰해 온 것과 이 장에서 배운 것을 고려하라.

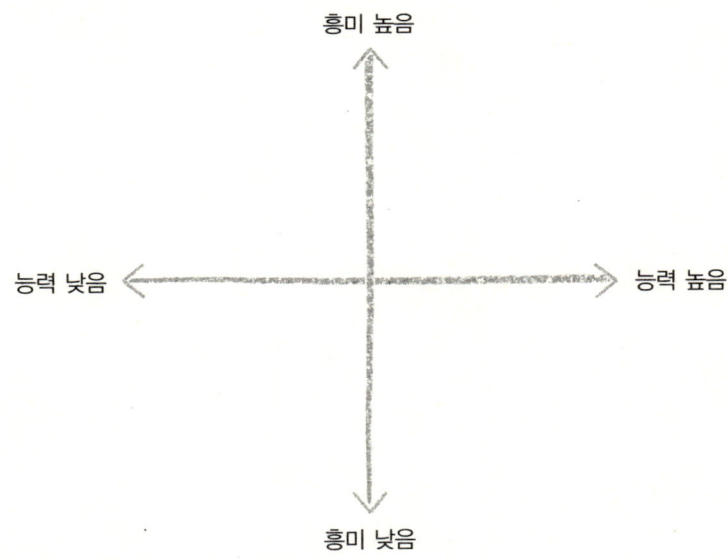

H O W   A M   I   S M A R T ?

chapter 6.

리듬과 멜로디로 생각하는 아이

음악 재능

"후안, 네 허밍이 다른 아이들을 괴롭히고 있잖니. 그만해라."

"저는 허밍을 하고 있지 않아요."

"후안, 콧소리로 흥얼거리고 있잖아. 그리고 어제처럼 손가락을 두드리지도 말아라. 그 소리도 정신 없어!"

"죄송해요. 저도 모르게 그러는 걸요. 제 머릿속에는 항상 노래나 리듬이 흘러요. 제가 멈추려고 해도 저절로 나와 버리는 걸요!"

"네가 그럴 때 조용히 네게 알려 줄 방법을 어쩌면 찾아낼 수 있을 거야. 네가 음악적으로 소질이 있다는 건 알아. 지난 달 콘서트 때 보여 준 너의 탁월한 독창 실력을 지금도 기억하고 있단다. 계속 네 재능을 개발하길 바라지만 지금은 음악 시간이 아니잖니?"

이것이 당신의 자녀와 교사 간의 대화일 수 있을까? 만일 아이가 음악 재능에 뛰어나다면 그럴 수 있다. 물론 당신의 자녀가 탁월한 음악 재능을 지녔으면서도 허밍을 하거나 손가락 장단을 두드리지 않을 수도 있다. 이 재능은 자제력이나 다른 지능상의 강점들을 포함한 여러 가지 요소들에 따라 다양하게 표현된다.

역량 : 내가 잘하는 건 무엇일까?

음악 재능 아이들은 리듬과 멜로디로 생각한다. 이 아이들은 음악은 물론 주변 세계에서도 리듬과 멜로디를 들을 수 있다. 음악 재능 아이들 중에는 음악 청취 그 이상을 하는 아이들도 많다. 그 아이들은 음악을 감상하고 분석한다. 음악을 분석하고 싶지 않지만 그렇게 하지 않을 수 없다고 말하는 아이들이 있다.

종종 이 아이들은 음악을 틀어 놓은 채로는 공부를 하지 못한다. 음악의 구조에 관해 너무 많이 생각하게 되기 때문이다. 반대로 음악을 틀어 놓은 채로 공부를 더 잘하는 아이들도 있다. 이런 아이들은 고요한 상태에서는 집중하기 힘들어 한다.

음악 재능 아이들은 다양한 음악 장르를 즐길 수 있다. 작곡자들이나 장르를 빠르고 쉽게 분별하기도 한다. 음악을 한번 들으면 정확히 기억한다. 첫 몇 소절을 듣고 나면 재즈인지 빅 밴드인지 알아맞힐 것이다. 만일 클래식 음악과 친숙한 아이들이라면 브람스의 교향곡인지 바하의 교향곡인지 분별할 수 있다.

음악 재능 아이들의 또 다른 재능은 음악 창작이다. 이 재능은 아장아장 걸을 때 취사도구를 두드리면서부터 시작될 수 있다. 제지를 당해도 다시 그런 행동을 한다면 그 아이들은 음악 재능을 보이는 것일 수 있다.

앞에서도 보았겠지만, 음악 재능을 일깨우기 위해 굳이 실로폰이나 탬버린을 사줄 필요는 없다(물론 그럴 수도 있겠지만). 음악 재능 아이들은 잘 들을 수 있고 가락에 맞춰 노래할 줄 안다. 나이가 더 들면 바이올린 조율이 제대로 되었는지, 트럼펫 음량이 제대로인지 분간할 것이다. 하나 이상의 악기들을 연주하는 것은 물론이고, 합창단에서 노래하거나 학교의 뮤지컬에 출연할 수도 있다.

선교사들을 후원하기 위해 아시아의 여러 나라들을 여행하면서 나는 흥미로운 지능 조합 사례를 발견했다. 일부 선교사들은 현지인의 언어를 배우느라고 고생을 많이 했다. 성조 언어였기 때문이다. 그 선교사들이 언어 재능에는 뛰어났지만, 성조 언어의 단어나 구문의 다양한 의미를 표현하기 위해 요구되는 음률의 높이와 억양을 제대로 듣거나 말할 수 있는 음악 재능은 부족했던 것이다. 반면에 음악 재능과 언어 재능이 뛰어난 아이들은 성조 외국어를 배우는 능력이 탁월하다.

음악 재능 아이들은 자신의 능력을 갖가지 창조적인 방식으로 활용할 수 있다. 내 친구 코라는 컴퓨터로 영화 만드는 법을 아이들에게 가르친다. 그녀 자신도 멋진 영화를 만들고 있다. 그래서 나는 어떤 지능을 활용하느냐고 이메일로 물었다. 그 과정에서 코라의 음악 재능이 얼마나 중요한 역할을 하는지 알고서 깜짝 놀랐다.

> 내 접근법은 이래. 내 영화의 분위기에 맞는 음악을 찾아서, 영화의 모든 장면을 그 박자에 맞추지. 예를 들어 학교의 스포츠 행사용 비디오를 만들 때에는 농구공의 바운드나 아이들의 달리고 점프하는 장면을 그 박자에 맞추는 거야.
>
> 지난 번 비디오에는 언어 재능도 활용했어. 내가 서정적으로 낭송하고 싶었던 노래 가사를 우연히 발견했어. 그래서 장면 장면들을 그 노래 가사에 맞췄지. 예를 들어 가수가 "산지로부터 골짜기로"라고 부를 때는 산에 있는 사람들과 골짜기의 건물들을 찍은 영상을 올렸어. "모든 손길이 닿는"이라는 부분에서는 손을 클로즈업했지.
>
> 내 친구 릭은 그림 재능이 탁월해. 영화를 만들 때 그 역시 좋은 음악을 찾지만 굳이 타이밍을 고려하진 않아. 영상에만 충실하지. (분명 비디오는 영상 매체이므로 나도 영상 효과에 충실하려고 해. 다만 나는 장면들이 음악에 어울릴 때 영상 효과가 고조된다고 느낄 뿐이야.)
>
> 내 친구 서니는 논리 재능이 뛰어난 편이야. 그녀의 영상 기법이 내 마음에 들진 않아. 그녀는 장면들을 잔뜩 모아놓고서 전체 길

이를 계산해 거기다 맞춰 나열하지. 정말 수학적이고 논리적인 방법인 셈이야.

이것은 여러 지능들이 어떻게 상호작용하는지 보여 주는 좋은 사례이다. 또한 아이들이 특정한 일들을 할 수 있거나 할 수 없다고 우리가 속단해서는 안 된다는 것을 시사한다. 예를 들어 당신은 컴퓨터로 영화 만드는 일이 주로 그림 재능에 의존한다고 생각할 수 있다. 그러나 코라의 예를 통해 볼 수 있듯이 음악 재능 아이들도 그 일에 뛰어날 수 있다.

음악 재능 아이들의 기분이 고조되었을 때는 누구나 쉽게 알 수 있다. 그 아이들이 마음속으로 노래하거나 연주하는 것이 자신도 모르게 밖으로 나오기 때문이다. 그 아이들은 손가락이나 발로 특정한 박자에 맞추거나 몸 전체를 흔들기도 한다. 마음이나 머릿속에 떠오르는 곡조로 인해 허밍을 하거나 휘파람을 불거나 노래할 수도 있다. "조용히 해!" 혹은 "가만히 앉아 있어!"라고 자주 질책하면 아이들의 음악 지능이 마비될 수 있다. 아이들의 음악적 표현들을 호되게 비평해도 마찬가지이다.

내 질녀들은 거의 말을 시작할 무렵부터 노래를 했다. 흔히들 노래로 반응을 보였다. 지금도 그렇다. 베스티나 캐티는 어떤 노래를 떠올리게 하는 단어나 문구나 성경 구절을 들으면 곧장 노래를 시작하곤 한다. 곧 이어 온 가족이 노래에 동참한다. 그래서 가끔 우리는 그들을 가리켜 '폰 코크 가족 싱어들'이라고 부른다.

학습법과 교수법

음악 재능을 촉진시키기 위해 아이들이 공부하는 주제들과 연관된 음악을 활용할 수 있다. 역사 시간에, 남북 전쟁에 관한 교훈들은 그 시대의 음악이 함께 들릴 때 더욱 생생해질 수 있다. 미술 시간에, 아이들이 잽싸게 자발적으로 그리게 하려면 역동적인 음악을 틀어 주는 것이 좋을 것이다. 아이들의 창의성을 높여 주는 음악을 활용할 수도 있다. 이는 모든 아이들에게 도움이 된다. 음악이 없었다면 간과될 수도 있었던 지능을 음악이 활성화시킬 것이기 때문이다. 아이들이 두 가지 이상의 지능들로 배우거나 공부할 때에는 하나로만 할 때보다 더 잘할 것이다. 하지만 어떤 아이들은 음악을 틀어 놓으면 집중하지 못한다.

내가 아는 한 세계지리 교사는 여러 나라들의 이름을 알기 쉽게 가르치기 위해 노래를 활용한다. 매우 효과적인 방법이다. 몇 년 후에도 많은 아이들이 여전히 그 노래를 기억하기 때문에 세계 여러 나라들의 이름을 기억할 수 있다. 한 수학 교사는 2차방정식 공식을 가르치기 위해 노래를 활용한다. 우리 중에도 성경책의 순서를 노래로 배운 사람들이 많을 것이다.

내가 아이들에게 ABC를 순서대로 외워 보라고 하면 대부분 노래로 답한다. 아이들이 일부러 그것을 노래로 표현하려고 하는 것은 아니다. 노래로 표현하려고 결심한 것도 아니다. 'ABC송'이 저절로 나올 뿐이다.

아이들이 몇 살이든 암기해야 할 것들을 음악과 연결시키면 효과를 볼 수 있다. 'ABC송'의 리듬을 사용할 수도 있다. 자신의 리듬이나 멜로디를 개발할 수도 있다. 종종 나는 고학년들에게 기억해야 할 것들을 자신이 좋아하는 노래에 맞춰 외우라고 권한다. 이 방법은 역사 시험을 위해 사건들의 순서를 외울 때에도, 과학 수업을 위해 약어를 외울 때에도, 건강과 관련된 단어와 그 뜻을 외울 때에도 효과적이다. 이 새 '노래'는 집에서 큰소리로 부를 수도 있고, 학교에서 시험 볼 때 마음속으로 부를 수도 있다.

어린아이들은 학습할 때 소리와 음악의 힘을 활용할 수 있다. 예를 들어, 만일 'whisper'라는 단어 속에 발음되지 않는 'h'가 있다는 점을 기억하려고 애쓰는 아들을 도와주려면, 아이로 하여금 이 단어의 철자를 큰소리로 말하게 하면서 'h'만 '작은 소리로 속삭이게' whisper 해보라. 이처럼 독특하게 'h'를 강조할 때 아이는 'h'가 그 단어 속에 들어 있다는 것을 더 쉽게 기억할 것이다.

때로는 정반대의 접근법도 효과적이다. 당신의 딸이 'gym'의 'y'를 계속 잊어버린다면, 아이에게 'g'와 'm'은 보통 음성으로 소리내고 'y'는 큰소리로 소리내게 해보라. 'daughter'를 배울 때에도 발음되지 않는 'gh'를 큰소리로 외칠 수 있다. 또 다른 효과적인 방법은 치어리더가 즐겨 쓰는 리듬을 활용해서 외우는 것이다. 이 경우에는 'daughter'가 'd-au-gh-ter'처럼 들린다.

박수도 효과적이다. 덧셈을 할 때 어린아이들은 숫자를 입으로 말하면서 박수를 칠 수 있다. 예를 들면 이렇다.

2(짝, 짝)+2(짝, 짝)=4(짝, 짝, 짝, 짝).

이것은 여러 가지 지능들을 결합시키는 방법이다. 아이들은 말하고 들음으로써 언어 재능을, 덧셈을 통해 논리 재능을, 리듬에 맞춰 박수를 침으로써 음악 재능을, 움직임으로써 신체 재능을 사용한다. 지나치면 좋지 않지만, 더 많은 지능들이 활용될수록 더 좋다.

만일 자녀의 음악 재능을 개발하고 싶다면, 아이들과 함께 콘서트에 가거나, 다양한 음악 장르에 대해 이런저런 이야기를 나누거나, 음악가들과 대화하거나, 악기를 배우거나 합창단에서 노래하도록 격려할 수 있다.

어떤 아이들은 한두 해 정도 피아노 레슨을 받고 그만 두기도 한다. 아이들이 레슨 중단을 요청하거나 혹은 너무 관심 없어 해서 레슨이 지속되지 못하는 경우도 있다. 비록 레슨을 중단하더라도 시간이나 돈이 허비된 것은 아니다. 그 투자를 통해 아이들의 음악 지능이 일깨워지고 넓혀졌음을 믿으라.

정체성 : 나는 누구인가?

음악 재능 아이들은 "나는 누구인가?"라는 질문에 대해, 하나님을 얼마나 찬양하는지에 관한 말로 대답할 수 있다. 이 아이들은 새로운 음악 그룹, 자신이 좋아하는 음악 CD, 자신이 들었던 가장 멋진 콘서트, 자신의 음악적 재능이나 관심에 관해 이야기할 수 있다. 다음 번 오케스트라나 밴드나 합창회를 위해 연습하고 있는 음악을 묘사할 수도 있다.

노래나 연주를 부탁하면 음악 재능 아이들은 좋아한다. 나의 조카와 질녀들은 할아버지와 할머니나 나를 위해 연주나 노래를 해보라는 부모의 제안을 들을 때 어깨를 으쓱하곤 했지만, 내가 보기에는 은근히 좋아했다. 노래를 마칠 때쯤이면 좋아하는 모습이 역력했다. 그 아이들은 자신의 리사이틀과 콘서트에 우리가 가는 걸 좋아했다. 또한 자신의 학문적 성취나 운동 경기 성적에 관심을 기울이며 축하해 주기를 원했다.

갈등

음악 재능 아이들은 음악적 소질과 성취와 이해력으로 인해 교만에 빠질 수 있다. 예배팀에 참여할 경우, 그 아이들은 자신의 예배가 일반 신도석에서 드리는 예배보다 더 중요하다고 생각할 수 있다. 이것은 또 다른 형태의 교만이다. 게다가 일부 음악 재능 아이들은 찬양에 적극적으로 참여하지 않는 사람들을 얕잡아보기도 한다.

이 아이들은 완벽주의적 성향도 있다. 자신의 실수에 대해 매우 엄격하며 스스로를 용서하지 못한다. 다른 사람들이 그 아이들에게 엄하게 대하면 음악 재능이 마비 현상을 보일 수도 있다. 높되 현실적인 기준이 적절하다. 성장을 위해 실수도 허용해야 한다.

음악 재능 아이들은 손가락이나 발로 탁탁 박자를 맞추거나 허밍을 하거나 노래를 흥얼거림으로써 조용히 해야 할 상황에서 시끄럽게 굴 수 있다. 또한 다른 사람들에게 폐를 끼칠 정도의 큰소리로 노래나 연주를 할 수도 있다. 그만하라는 당부를 듣고도 멈추지 않을 경우에는 가족이나 친구들 또는 교사들과의 관계에 부정적인 영향을 미칠 수 있다.

음악을 즐기는 단계를 넘어 자신이 즐기는 음악이나 예술가들을 우상화하는 데까지 나아가는 아이들도 있다. 자녀들의 이야기를 자세히 들어보라. 음악을 듣는 시간과 비교해 하나님과 함께하는 시간을 얼마나 할애하는지 물어보는 것도 효과적인 대화 방법일 수 있다. 또한 아이들이 즐겨 듣는 음악 중에 하나님께 영광 돌리지 못하는 내용이 있는지, 만약 그런 내용이 있다면 그럴 경우에는 어떻게 해야 하는지 물어볼 수도 있다.

목적 : 내가 사는 이유는 무엇인가?

하나님 증거하기

나는 교회에서 자랐다. 가족과 함께 주일 예배에 참석했고, 주일학교와 여름 성경학교와 교회 캠프를 다녔다. 지금도 가슴 설레는 기억들이 있다.

열두 살 때 나는 예배 시간에 "주의 솜씨가 어찌 그리 위대하신지요 How Great Thou Art"를 비올라로 연주했다. 나는 열심히 연습했고, 그 가사 내용이 사실로 받아들여짐에 따라 깊은 감동을 받았다. 사실 내가 교회에서 연주하기로 결심한 건 하나님께 영광 돌리기 위해서가 아니었다. 그보다는 내 재능을 개발하려는 마음과 열심히 연습하길 바라는 선생님의 바람이 더 크게 작용했다. 그러나 내가 하나님께 받은 재능을 개발하며 건전하게 활용하고 있었기 때문에 그분이 영광을 받으신 거라고 믿는다.

음악 재능 아이들은 노래나 악기 연주로 하나님을 섬기며 그분을 영화롭게 해드릴 수 있다. 무엇보다 동기가 중요하다. 흠 없는 연주나 노래를 통해 자신의 실력을 드러내길 원하는가 아니면 하나님께 영광 돌리길 원하는가? 주중에 연습하기 싫어 투덜거리며 부모에게 불평했으면서도, 주일 아침에는 마치 사람들을 하나님의 임재 가운데로 인도하는 감격에 젖은 것처럼 행동하지는 않는가? 예배 동안에 하나님께 영광을 돌리지만 연습 동안에는 그렇게 하지 않는가? 하나님이 그 모든 과정에 관심을 기울이고 계심을 그 아이들에게 부드럽게 상기시키라.

나는 음악 재능 아이들이 연습을 통해 자신의 재능을 개발함으로써 하나님께 영광을 돌린다고 생각한다. 그 아이들이 부모나 지휘자들이나 교사나 그룹원들의 지적을 겸허히 받아들일 때에도 하나님이 영광을 받으신다.

또한 음악 재능 아이들이 때로 다른 사람의 평가에 흔들리지 않을 정도로 자신의 재능과 음악적 즐거움을 철저히 믿을 때에도 하나님께 영광이 돌려질 수 있다.

제시가 그랬다. 그녀는 자신의 노래 실력을 알고 있었으며, 그것이 하나님께 받은 은사임을 알았다. 종종 사람들이 그녀의 재능을 칭찬했다. 하지만 새로 부임한 목사는 그녀를 예배팀 일원으로 뽑지 않았다. 제시로서는 그의 평가를 올바르다고 여길 수 없었다. 그녀는 그 평가를 자신의 재능에 관한 것이라기보다는 개인적인 판단의 문제로 받아들였다. 비록 자신감을 상실하기도 했지만, 인정해 주시는 하나님의 음성에 귀 기울였고 자신에게 노래 재능이 있음을 믿었다. 포기하지 않았다.

가족이 다른 교회로 옮겼을 때, 그녀는 새로 나간 교회의 예배 양식과 리더를 유심히 살폈다. 자신이 참여하기에 적합하다고 믿었고, 그래서 예배팀 일원이 되기 위해 오디션을 받았다. 그리고 뽑혔다. 이제 제시는 예배를 인도함과 아울러, 자그마한 합주단의 일원이며 이따금 듀엣으로 노래도 부른다. 그녀는 자신의 음악적 은사를 믿고 하나님의 인도하심에 순종함으로써 여러 가지 축복을 받았다.

우리가 성경을 공부할 때 하나님이 영광을 받으시므로 당신은 아이들이 성경에 관심을 갖게 하는 방법을 찾고 싶을 것이다. 음악 재능 아이들이 음악이나 예배와 관련된 구절들을 찾도록 도와주라. 그런 구절들과 원래 노래로 불렸던 일부 시편들을 공부하면 많은 열매를 거둘 수 있다시 4편, 33편, 95편, 98편; 눅 4:8, 15:25; 엡 5:19. 그런 공부는 "신령과 진정으로"요 4:24 예배하는 데 도움이 될 것이다.

예배는 음악 재능 아이들에게 가장 쉬운 영적 훈련일 것이다. 그 아이들이 마음속 깊이 개인적으로 예배드릴 때 하나님께서 특별히 영광 받으신다. 하나님의 임재 속으로 들어가 그분에 관한 믿음을 고할 때 그분이 기뻐하신다. 때로 음악 재능 아이들은 예배 중에 위안과 확신을 얻는다.

당신은 가족 토론이나 가정 예배를 위한 배경 음악을 음악 재능 자녀에게 부탁할 수 있다. 기도 주제를 미리 말해 준 후에 마무리 시간에 연주할 곡을 부탁하면 더 좋을 것이다.

직업

음악 재능 아이들은 자신의 능력과 흥미를 여러 직업에 활용할 수 있다. 음악 치료사, 찬양 목사, 음악 교사, 작곡가, 지휘자, 편곡가, 음반 제작자, 솔로이스트, 음악/악기점 사장이 될 수도 있다. 광고 문구 작가, 광고업자, 디스크자키, 피아노 조율사가 될 수도 있다. 또한 내 친구 코라처럼 음악을 효과적으로 사용하는 비디오나 웹사이트 디자인을 도울 수 있다.

어쩌면 당신의 음악 재능 자녀는 영화나 TV 쇼와 관련된 직업을 좋아할 수도 있다. 그 아이는 음악 편집자, 음향효과 편집자, 음향 기사, 음향 디자이너가 될 수도 있다.

소속 : 누가 나를 원할까?

나는 본장을 쓰면서 어머니 집에 머물고 있다. 오늘 밤 어머니는 친구들과 밀워키 심포니 오케스트라 연주회에 갔다가 방금 전 돌아오셨다. 특히 인상적이었던 첼로 연주에 대해 말하는 어머니의 얼굴에 빛이 났다. 여러 가지를 상세하게 설명하셨고, 집으로 오는 길에 친구들과 나눴던 대화 내용을 포함해 여러 가지 얘기를 세세하게 들려주셨다.

음악에 대한 어머니의 관심은 어릴 적에 시작되었다. 집에 피아노를 들여놓기 전부터 피아노 레슨을 받기 시작했다. 어머니와 이모는 피아노 건반을 그린 판지를 식탁 위에 올려놓고 연습했다. 어머니는 고등학생 때 합창단원으로 뽑혔고, 불과 16세에 교회 어른 성가대에 합류했다. 아버지는 고등학교 2학년 때 트럼펫을 시작해 어른이 된 후에도 계속 연주하셨다.

음악은 부모님의 삶의 일부였다. 그분들에게는 음악이 매우 중요했다. 그래서 나와 동생 데이브도 어릴 때부터 악기를 배우게 하셨다. 우린 둘 다 피아노를 쳤고, 데이브는 트럼펫을 연주했으며, 나는 관현악단에서 비올라를 연주했고, 밴드에서는 키보드와 타악기 부류의 리듬악기들을 연주했다. 우리는 고등학교와 대학교에서의 경험들을 생생하게 기억한다.

나는 음악이 가족들의 결속력을 강화시킬 수 있다고 생각한다. 부모님과 동생과 나의 경우가 그랬다. 뿐만 아니라 네 명의 이종사촌들도 음악 재능이 뛰어나다. 우리 중 몇몇은 중학교와 고등학교의 밴드와 관현악단에서 함께 활동했다.

조부모님의 50회와 65회 결혼기념일 파티에서 우리는 독특한 합주단을 구성했다. 데이브는 트럼펫, 테리는 색소폰, 제인은 프렌치호른, 나는 비올라, 앤은 클라리넷, 낸시는 플루트를 맡았다. 동생 데이브가 데비와 결혼한 후 데비가 피아노를 맡았다.

우리의 중학교 밴드 지휘자는 우리 조부모가 좋아하는 노래들을 우리 악기들에 맞춰 편곡해 줄 정도의 실력자였다. 우리의 연주는 정말 근사했다. 지금도 나는 '그대가 나를 위해 준비한 왈츠The Waltz You Saved for Me'라는 곡을 생생하게 기억한다.

가족 전통은 베스티, 캐티, 앤디에게로 이어졌다. 이들 역시 하나님께 받은 재능들을 개발해 왔다. 베스티의 첫 트럼펫은 우리 아버지의 것이었다(나도 이걸로 배웠다). 베스티는 그것을 앤디에게 물려주었다. 캐티는 플루트를 택했다. 이들 셋은 모두 피아노와 핸드벨을 연주하며, 이들 중 둘은 대학 합창단에서 활동했다. 음악 교사인 그 아이들의 엄마는 지금도 피아노를 열심히 치며 잘 다듬어진 아름다운 목소리로 하나님께 영광을 돌린다. 데이브는 지금도 찬양단에서 트럼펫을 연주한다.

음악은 사람들을 강력히 결속시킨다. 이야깃거리를 제공하며 정서를 함께 나누게 한다. 팔순이신 어머니의 오늘 밤 외출이 입증하듯이, 음악은 일생 동안 즐기며 경험할 수 있는 것이다.

일부 음악 재능 아이들은 음악에 흥미를 느끼지 않는 아이들을 사귀기 힘들다. 더욱이 음악 재능 아이들이 논리 재능에 뛰어나지 않다면 매우 사실적이며 논리적인 내용의 대화에는 금세 따분해진다. 많은 연습과 리허설에 참석해야 하는 까닭에 친구를 사귈 시간도 없다고 말하는 아이들도 있다. 이 때문에 자신이 속한 음악 그룹 안에서 친구들을 찾는 경우가 많다.

하나님과의 연결

대부분의 음악 재능 아이들이 찬양과 경배를 통해 하나님과 연결될 거라는 사실은 놀라운 일이 아니다대상 16:9; 시 98:9. 그 아이들이 자아 재능과 인간관계 재능 중 어느 쪽에 더 탁월한지에 따라 개인 예배 또는 공동 예배에 더 큰 만족을 느낄 것이다.

어떤 음악 재능 아이들은 전통적인 찬송과 현대의 찬양을 공부할 것이다. 언어 재능 강점을 더불어 지닌 아이들은 노래를 뒷받침하는 성경 구절들을 찾을 수 있다. 작곡가들의 삶에 대해 깊은 관심을 보이기도 한다.

음악 재능 아이들은 예배에 우선 순위를 두는 교회를 좋아한다. 특히 그 아이들이 성숙하다면 예배팀 구성원들의 재능에 유의할 것이며, 다른 아이들을 예배로 인도하는 데 관심을 가질 것이다. 내 동생 가족처럼, 그들도 예배 인도, 오케스트라 연주, 잦은 음악회, 다양한 음악 장르 등을 원할 것이다.

안전 : 내가 누구를 신뢰할 수 있을까?

신뢰 대상

음악 재능 아이들은 자신의 음악 실력을 과신하지 않도록 주의할 필요가 있다. 그 아이들이 콘서트나 리사이틀에서 실수했을 경우에 드러내는 반응에서 이 같은 문제점을 엿볼 수 있다. 만일 오랫동안 낙심에 빠져 있다면 대화를 통해 안심시켜 주라.

부모에 대한 신뢰

어떤 음악을 왜 좋아하는지 말하는 자녀의 이야기에 당신이 진심으로 귀 기울일 때 아이들은 당신을 더욱 신뢰할 것이다. 함께 아이들의 음악을 들어보라. 특정한 노래들에 아이들의 마음이 끌리는 이유를 물어보라. 당신에게는 천박한 것처럼 보이는 가사가 아이들의 마음을 끈다는 사실에 놀랄 수도 있다. 물론 음악과 관련해 아이들에게 어느 선까지 허용해야 하는지에 대한 분명한 기준도 생길 것이다. 아이들이 당신에게 결코 감사를 표하지 않을 수도 있지만, 그것은 별로 중요하지 않다.

또한 자녀들은 당신이 아이들의 음악적 흥미와 능력을 개발하도록 도울 것임을 알 때 당신을 신뢰할 것이다. 아이들을 콘서트에 데려가 전문 음악가들의 연주 모습을 보여 주라. 뮤지컬 극장이나 대규모 합창단 공연을 경험하게 하는 것도 좋은 방법이다. TV로 음악 특별 프로그램을 보거나 콘서트 DVD를 구입할 수도 있다. 배울 악기를 고르며 성악 능력을 개발하도록 아이들을 격려하라. 아이들에게 필요한 것을 구입해 주라. 가능하다면 개인 레슨을 통해 아이들의 재능을 더 개발할 수 있게 하라.

중학교나 고등학교 지휘자들을 만나 아이들에게 필요한 악기가 무엇인지 알아보라. 아이들에게 가장 알맞은 악기가 무엇인지 검토해 보라. 만일 아이들이 프렌치호른과 트럼펫과 트롬본을 연주할 수 있고 학교에 프렌치호른 연주자가 드물다면 당신은 그 악기를 추천하고 싶을 것이다. 음악 교사나 교회의 찬양 리더를 만나 아이들의 입장을 대변해 주라.

자녀의 연습과 공연을 후원하라. 종종 나는 두 자녀를 다재다능하게 키워 둘 다 철학박사 학위를 받게 하고 하나님께 헌신하며 건강하고 유복한 삶을 살게 하신 우리 부모님의 교육 방법에 대한 질문을 받곤 한다. 나의 첫 번째 대답은, 우리 부모님이 우리가 하는 일에 진정으로 관심을 가지셨다는 것이다. 그분들은 우리가 추구하는 일을 기뻐했고, 우리를 신뢰했으며, 그 마음을 표현하셨다. 데이브와 나는 어떤 일이든 해낼 수 있다고 생각했다.

부모님은 우리의 연주회와 리사이틀에 오셔서 갈채를 보내고 사진을 찍으셨다. 조부모와 대고모들에게도 알려서 함께 오셨다. 돈을 들여 개인 레슨을 받게 하셨다. 우리를 희생적으로 도우셨다. 우리의 연습을 격려하기 위해 거실에서 함께 시간을 보내곤 했다. 유익한 조언을 해주셨다. 우리의 노력을 격려해 주셨다. 나는 그런 것들이 매우 중요하다고 믿는다. 당신도 일정한 목표를 향해 매진하는 자녀를 위해 투자하기 바란다.

하나님에 대한 신뢰

내가 음악 재능 강점을 지니고 있기 때문에 종종 하나님은 노래를 통해 나의 욕구를 채워 주신다. 내가 열두 살 때 그분은 '주의 솜씨가 어찌 그리 위대하신지요' 라는 곡으로 그렇게 하셨다. 주일 아침에 목사님이 고른 찬양 중에 내게 꼭 필요했던 노래가 포함된 경우가 정말 많았다. 지난 주 주일에도 우리는 '예수님, 그 모든 것은 주님에 관한 일입니다' 라는 가사를 담은 찬양을 불렀다. 하나님은 그 간단한 구절을 통해 내게 역사하셨고, 나는 그 진리에 감동되어 중대한 결심을 했다. 음악 재능인들에게 하나님은 이런 식으로 역사하신다. 하나님이 어떤 노래를 통해 우리의 필요를 채우시거나 기도 응답을 주실 때 그것이 우연이 아니라는 사실을 음악 재능 아이들에게 가르쳐 주라시 32:7, 40:3, 69:30.

나는 이따금 휘파람을 분다. 이는 전적으로 자연스런 행동이다. '한동안 휘파람을 불지 않았으니 이제 휘파람을 불어야겠다!' 라고 생각하지 않는다. 저절로 휘파람이 나올 뿐이다. 그 순간 나는 호텔 방, 사무실, 집에 있을 수 있고, 식료품점으로 걸어 들어가는 중일 수도 있다. 내면의 평안에 대해 나의 음악 재능 자아가 휘파람으로 반응한다는 사실을 나는 오래 전에 알았다. 휘파람을 불 때면 "캐시, 너 평안하지?" 라는 하나님의 음성이 들리는 듯하다. 당신의 자녀들에게도 이런 행동에 유의하도록 가르치라. 그 아이들은 자신의 삶 속에서 하나님이 역사하심을 체험할 필요가 있다.

능력과 흥미

이제 본장에서 배운 내용과 당신의 자녀나 당신 자신을 관찰한 사항에 대해 생각할 시간이다. 당신과 자녀들의 이름을 사분면 중 해당하는 위치에 적으라. 그 위치가 정확한지에 대해 함께 의논하라.

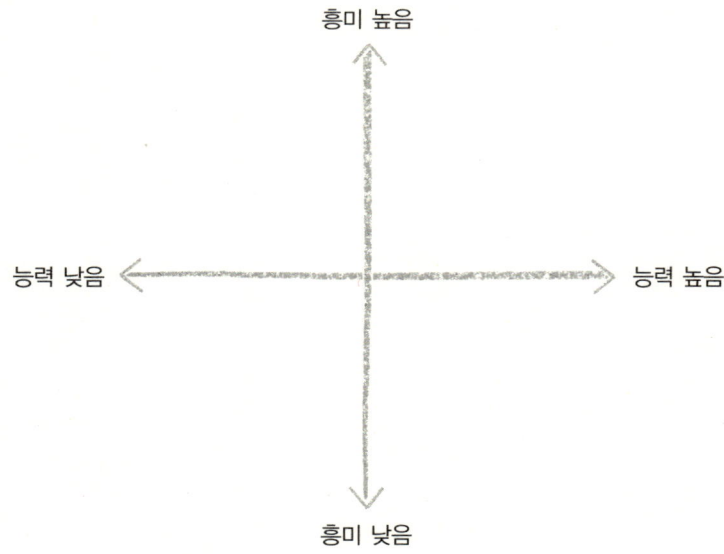

HOW AM I SMART?

 chapter 7.

움직임과 감촉으로 생각하는 아이

신체 재능

    5장 서두에서 나는 매디의 편지를 일부 소개했다. 그 편지는 다중지능에 관한 내 강의를 들은 후에 쓴 편지였다. 그날 그녀는 그림 재능과 신체 재능이 자신의 강점이라는 걸 알았고, 하나님은 그 세미나를 통해 그녀의 몇 가지 오해와 의혹을 치료해 주셨다.

    매디가 고등학교 졸업반 때 한 진로 상담자는 그녀가 대학을 졸업할 수 없을 거라고 했다. 그러나 부모의 뜻을 따라 그녀는 인근 대학에 등록했다. 내게 보낸 편지에서 그녀는 "나는 졸업을 기대하지 않았어요. 결국 대학이란 공부하길 좋아하는 재능 있는 아이들을 위한 곳이라고 생각했죠."라고 썼다.

    매디는 고등학교 시절의 연극 경험 때문에 연극을 전공하기로 결정했다. 드라마는 그녀의 그림 재능과 신체 재능 강점들을 결합시켜 주었다. 그녀는 특정한 의상과 무대 장치가 극적 효과를 어떻게 고조시킬지 마음속으로 그릴 수 있었다. 또한 비틀거리는 할머니나 피곤한 중년 여성의 몸동작을 잘 연기했다. 나는 그녀를 대학으로 이끄셔서 연극을 전공하게 하신 하나님께 감사드리며, 또한 그녀가 진로 상담자의 조언을 따르지 않은 것을 다행으로 여긴다. 부모의 후원이 없었다면 그녀는 어떻게 되었을까?

매디는 고등학교 때보다 훨씬 더 우수한 성적으로 대학을 졸업했다. 뿐만 아니라 최우수 성적으로 석사 학위를 받았다. 그녀는 편지에서 그 감회를 이렇게 적었다.

"나는 너무 기쁘고 뿌듯해서 가슴이 터질 것만 같았어요. 우등생으로 졸업한다는 건 아주 보람된 일이었어요. 낙제할 거라는 말을 들은 적이 있어서 더욱 그랬답니다."

이어지는 편지 내용은 다음과 같다.

저는 고등학교를 졸업한 이후로 분주한 13년을 보냈어요. 직업상 늘 돌아다녀야 하지만 저는 만족한답니다. 네 차례에 걸쳐 미국 각지에서 여름 공연을 갖고, 월트 디즈니 월드의 창의적인 의상부에서 근무하며, 네 주들을 오가면서 안무 일을 하고, 국제적으로 인정받는 공연 그룹과 함께 꼭두각시인형 부리는 사람이자 댄서로서 미국과 캐나다를 두루 다녀요. 제가 이렇게 자세히 언급한 것은 꼭 하고 싶은 얘기가 있어서입니다. 저 자신을 묘사할 수 있는 말들이 많아요. 저는 숙달되고, 성공적이며, 과감하고, 열정적이고, 헌신적이며, 소질이 있고, 창의적이며, 단호하며, 유능하고, 교양 있고, 박식합니다. 그러나 선생님의 세미나에 참석하기 전까지는 저 자신을 '재능'이라는 말로 묘사해 본 적이 없답니다. 저는 연극을 잘하는 이유가 재능 때문임을 알지 못했어요. 단지 흥미로운 일을 열심히 한 덕분일 뿐이라고 생각했죠.

연극으로 학위를 두 개나 받았으면서도 저 자신이 그 방면에 특별한 재능을 가졌다고 생각하지 않는다는 건 모순되게 들릴 겁니다. 하지만 같은 과가 아닌 대학 친구들은 줄곧 "너 이번 학기에 '정식으로' 수강 신청을 했니?"라고 물었어요. 그럴 때마다 저는 제가 가장 잘하는 일이 사람들의 눈에는 두뇌를 별로 필요로 하지 않는 분야인 것처럼 보인다고 생각했습니다. 그래서 지적 재능을 갖춘 사람이 있는가 하면 단순히 천부적 재주를 타고난 사람도 있다는 생각이 들었어요. 그리고 둘 다를 갖춘 것 같은 사람을 보면 질투심에 사로잡히곤 했어요. 여러 해의 경험을 통해 저는 연기, 감독, 의상, 안무 등 연극 방면에서 다양한 은사를 지녔음을 확인했어요. 그러나 사실은 하나님이 저에게 특별한 지적 재능을 허락하지 않으신 사실을 벌충하시기 위해 다방면에 걸친 꾸러미를 주셨다는 생각이 들었습니다. 저에게 특별한 재능이 있고 그 능력이 머리에서 비롯되었음을 깨달았을 때는 너무나 기뻤어요.

> 아이들에 대해 제가 염려하는 것은, 아이들의 재능이 어느 정도인
> 가가 아니라 자신의 재능에 대해 어떻게 반응할까 하는 점입니다.

매디의 글에 대해 당신은 어떻게 생각하는가? 어쩌면 자신의 과거나 자녀의 강점이나 갈등으로 인해 공감할 수도 있다. 그렇지 않더라도 매디와 유사한 경험을 한 사람을 알 것이다. '재능'이라는 말에 힘이 실려 있다. 이 말을 사용하길 바란다. 이어지는 내용은 이 말을 언제 사용할지를 깨닫게 도와줄 것이다.

역량 : 내가 잘하는 건 무엇일까?

신체 재능 아이들은 움직임과 감촉으로 생각한다. 이 아이들에게는 동작이 매우 중요하다. 이들은 자신의 몸 전체로 배우며 생각한다. 손은 '말하거나', 만들거나, 쓰거나, 만지거나, 머리털을 꼬거나, 연주하느라고 바쁘다. 발은 바닥을 두드리거나 걷느라고 바쁘다. 신체 재능 아이들은 자주 움직인다. (의도적으로 그럴 때도 있고, 비의도적일 때도 있다.) 자신의 기분이 고조될 때 움직이지 않을 수 없기 때문이다. 신체 재능 아이들에게 있어 움직이는 것은 마치 호흡과 같다.

당신의 아들의 두뇌가 신경과 근육들에게 무엇을 할지를 알려 주어서 그로 하여금 잽싸고 정확하며 적절한 동작을 취하게 한다면 그 아이는 신체 지능이 뛰어나다. 이런 아이는 움직임의 힘을 알고 있다.

신체 재능 아이들은 온몸을 컨트롤할 수 있기 때문에 대개 큰 힘을 쓰는 일을 잘 처리한다. 그래서 하이킹, 스포츠, 댄싱, 연기, 캠핑, 악기 연주를 즐긴다.

신체 재능 아이들은 작은 힘을 쓰는 일들도 잘 해낸다. 눈-손 공동 작용을 통해 물건들을 능숙하게 다루며 손가락과 손의 섬세한 근육을 잘 사용한다. 바느질, 목공예, 모델 제작, 요리, 타이핑 같은 일은 소근육 운동을 필요로 한다.

대근육을 사용하는 분야에는 능숙하지만 소근육을 사용하는 분야에는 그렇지 못할 수도 있고, 그 반대의 경우도 있다. 논리적으로 능력과 흥미 둘 다 가진 아이들은 둘 중 하나만 가진 아이들보다 더 나은 신체 재능을 지니고 있다. 그러나 만일 이 지능이 아직 일깨워지지 않았다면, 위의 두 분야 중 어느 것에 강점을 지녔는지 파악하기가 힘들다. 이 경우에는 우선 신체 재능 자체를 활성화하는 일이 급선무이다.

나의 신체 재능이 일깨워진 것은 내가 여섯 살때쯤 부모님이 내리신 지혜로운 결정 덕분이었다. 그때까지만 해도 나는 걷고, 달리고, 놀며, 색칠하고, 그리며, 자르는 등 신체 기능을 다양하게 활용했지만, 여느 아이들과 마찬가지로 매사에 어설펐다. 부모님이 나를 댄스 반에 등록시키셨고, 하나님은 탭댄스와 발레 교습을 통해 내 두뇌와 몸의 연결을 원활하게 하셨다. 나를 매사에 어설플 수밖에 없는 아이로 단정하지 않으셨던 부모님에게 감사드린다. 그분들은 해결책에 초점을 맞추고 문제에 접근하셨다.

학습법과 교수법

신체 재능 아이들은 유달리 움직이는 걸 좋아한다. 그 아이들이 오래도록 가만히 앉아 있길 기대하는 건 온당하지도 현실적이지도 않다. 이런 기대를 갖거나 "가만히 앉아 있어!" "그것 내려놔!"라는 지시를 자주 하면 아이의 신체 재능을 마비시킬 수도 있다. 움직임을 수업에 활용하는 것이 효과적인 해결책이다.

어린아이들이 단어를 배울 때 각 글자마다 한 걸음씩 이동하게 해보라. 이 방법은 어떤 아이에게도 해를 입히지 않으며, 신체 재능 아이들에게는 큰 도움이 될 것이다. 교사가 학교에서 알려 준 내용을 아이들은 집에서도 연습할 수 있다. 예를 들어 집에서 'Texas'라는 단어를 이런 방식으로 공부한 후에 단어 시험 때 이 단어의 중간 글자가 생각나지 않으면 책상 아래의 발가락으로 조용히 걸어 볼 수 있다. 그러면 'x'자를 생각해내는 데 도움이 될 것이다. 비교적 나이가 많은 아이들은 국가명이나 경제 용어들을 암기할 때에도 같은 방법을 활용할 수 있다.

최근에 나는 한 엄마와 2학년짜리 딸 파멜라를 만났다. 파멜라는 파닉스와 철자법, 언어 재능과 관련된 내용을 이것저것 배우느라 애쓰고 있었다. 파멜라는 신체 재능이 뛰어나고 손재주가 좋다. 그래서 나는 집에서 단어와 파닉스 패턴을 ain[train, gain], oat[goat, throat], eat[treat, beat] 등 공부할 때 공중 글쓰기를 활용해 보라고 제안했다. 연필을 잡은 듯한 손 모양으로 공중에다 글자를 최대한 크게 쓰는 것이다. 공중 글쓰기는 화학 공식이나 발명가의 이름 또는 흘림체 글자를 공부할 때 특히 효과적이다. 공중 글쓰기 대신에 칠판이나 화이트보드에 쓰는 방법도 있다.

공중 글쓰기는 손가락, 팔, 어깨, 등 근육을 움직이게 하므로 신체 재능 아이들에게는 단순히 종이에 쓰는 것보다 더 낫다. 근육의 움직임은 신체 재능 아이들의 학습과 기억을 도와준다. 교사는 수업 시간에 아이들에게 이 소중한 활동을 가르치면서 집에서도 그런 식으로 공부하도록 독려할 수 있다. 또한 나는 아이들에게 말하면서 쓸 것을 권한다. 왜냐하면 그럴 경우에 아이들은 쓰기라고 하는 언어 재능과 신체 활동과 더불어 언어 지능의 두 가지 요소 말하기와 듣기를 더 활용하기 때문이다.

신체 재능 아이들은 클립보드를 지참해야 한다. 그렇게 하면 걸으면서, 바깥에 잠시 앉아서, 방바닥에 누워 공중으로 발을 차면서 자유롭게 공부할 수 있기 때문이다. 또한 그 아이들은 자유롭게 움직이는 흔들의자에 앉아서 공부할 수도 있다. 심지어는 설거지를 하거나 야채를 썰거나 세차를 하면서도 공부할 수 있다. 물론 교과서를 들고 있진 않겠지만, 자신이 기억하는 시를 거듭 암송하거나, 역사 시험을 위해 사건들의 순서를 외우거나, 자신이 쓰고 있는 보고서에 대해 곰곰이 생각할 수 있다. 운전하거나 음식을 치우거나 계단을 올라가는 중에 멋진 생각이 떠올랐던 적이 있는가? 만일 그런 적이 있다면 당신의 신체 재능이 작용한 것이다. 신체 재능 아이들이 늘 가만히 앉아 있길 기대해서는 안 되는 것도 바로 이 때문이다. 그런 기대는 비생산적이며 비현실적이다. (다른 사람들을 배려해 조용히 앉아 있어야 할 때에는 순종할 수 있는 자제력을 배워야 한다.)

　드라마와 역할극을 통한 학습도 효과적일 수 있다. 굳이 복잡한 것일 필요는 없다. 예를 들어 아이들이 충격 받는 것과 무서워하는 것 간의 차이점을 배우고 있다면, 각 단어에 해당하는 표정을 지어 보게 할 수 있다. 다니엘과 믿음에 대해 가르칠 때 나는 위대하신 하나님에 대한 다니엘의 강한 믿음과 그가 사자굴에 있음을 아이들에게 상기시킨다. 그리고 아이들을 일어서게 한 후, 셋을 셀 동안 사자들 가운데 선 다니엘의 모습을 떠올려 따라해 보라고 한다. 어떤 아이들은 별생각 없이 가만히 서 있고, 어떤 아이들은 예배 자세를 취한다. 무릎을 꿇거나 손을 모으고 기도하는 자세를 취하는 아이들도 있다. 수업을 진행하면서 나는 만일 자신이 사자굴에 있었다면 어떤 모습일지 생각해 보라고 지시한다. 그런 후에 셋을 세면서 아이들이 자신의 모습을 마음속에 그리게 한다. 아이들의 표정을 통해 다양한 생각들을 읽을 수 있다.

신체 재능 아이들은 감촉으로 생각하며 배우기 때문에 손으로 만질 수 있는 것들을 활용하는 것이 효과적이다. 여러 색깔의 와이어를 구부려 글자와 숫자를 만들게 할 수도 있고, 모래에 손가락으로 써 보게 하는 것도 효과적이다. 연관되는 물건들을 관찰하게 하는 것도 좋은 방법이다. 신체 재능 아이들이 손으로 생각한다는 것을 기억하라. 벌집에 관한 10분 강의보다 실제로 만져 보게 하는 것이 더 효과적이다.

　방금 언급한 개념들 중 상당수는 어린아이들을 가르치는 교사들에 의해 활용되고 있다. 이 교사들은 아이들이 오랫동안 가만히 앉아 있을 거라고 기대하지 않는다. 어떤 아이들은 처음에는 학교 생활을 매우 잘하다가 해를 거듭할수록 성적이 떨어진다. 이는 어릴 때만 신체 재능이 존중받았기 때문이다. 비교적 나이 많은 신체 재능 아이들이 집중할 수 있는 활동들을 열심히 고안하는 교사들을 만날 때마다 나는 감명을 받는다. 그렇게 하기가 쉽지는 않기 때문이다.

　신체 재능 아이들의 과제는 산만하게 움직이지 않도록 자제력과 자존감을 갖추고 다른 사람들에 대한 존중심을 갖는 것이다. 이 아이들은 교사의 가르침이나 다른 아이들의 학습을 방해하는 행동을 하지 않는 법을 배울 필요가 있다. 조용히 앉아 있거나 물건을 내려놓으라는 부탁을 들으면 순종해야 한다. 지능상의 강점을 불순종에 대한 핑계 거리로 삼을 순 없다. 모든 아이들은 자신의 재능을 남을 해치기 위해서가 아니라 돕기 위해 사용할 줄 알아야 한다.

종종 신체 재능 아이들은 손가락으로 두드리거나, 발로 탁탁 치거나, 손으로 무엇인가를 줄곧 연주하거나, 어떻게든 움직일 방법을 찾을 것이다. 그만 하라는 말을 들어도 조금 있으면 또 그럴 것이다. 그 아이들은 움직임으로써 반응하므로 남에게 폐를 끼치지 않고 움직이는 방법을 찾아야 한다. (만일 아이들이 손가락으로 두드리거나 발로 박자를 맞춘다면 대개 음악 재능 때문이다.)

만일 대화중에 손가락으로 탁자를 두드리는 아이들의 행동이 분위기를 산만하게 한다면 당신은 대안을 제시할 수 있다. 나는 이런 아이들에게 자신의 허벅지를 두드리라고 한다. 소리가 나지 않으므로 처음에는 만족스럽지 않겠지만, 곧 만족하는 법을 배울 수 있다. 또 다른 예도 있다. 발로 탁탁 치는 동작이나 소리가 다른 사람들을 산만하게 할 때는 발 대신에 엄지발가락으로 박자를 맞출 수 있다. 이 작고 조용한 동작을 통해 만족하는 법을 배울 수 있다. 그것이 비결이다. 우리 모두는 '만족하는 법을 배울' 수 있다.

신체 재능 강점을 지니지 않은 아이들도 앞에서 언급된 제안들을 통해 유익을 얻을 수 있다. 모든 아이들은 손가락이나 손에 있는 소근육들과 팔이나 다리의 대근육들을 모두 개발할 필요가 있다. 그러기 위해서는 안전한 환경을 마련하는 것이 최선책이다. 뒤뜰에서 아이들과 함께 공차기를 하거나, 칠판이나 화이트보드에 글씨 쓰는 걸 돕거나, 찰흙으로 물건 만들기를 도울 수 있다. 우리 부모님이 그러셨듯이 아이들을 댄스 교습소에 등록시키는 것도 좋은 방법이다.

정체성 : 나는 누구인가?

신체 재능에 관한 가르침을 듣고서, 잘 움직이는 것이 재능일 줄은 정말 몰랐다고 말하는 아이들이 많다. 이 아이들의 '재능'을 일깨우도록 돕는 일은 큰 기쁨이다. 이 지능이 학교에서 언어 지능이나 논리 지능에 비해 덜 존중되는 건 사실이지만, 대근육이나 소근육을 잘 사용하는 것 역시 귀한 지능이다. 어느 집회가 끝난 후 남자 고등학생 하나가 나를 찾아와 이렇게 말했.
"나는 돌대가리가 아니에요. 재능 있는 학생이죠!"
신체 재능 아이들은 자신에 대해 명확히 알고 있다. 그들 중 다수가 "가만히 앉아 있어!" "그것 내려놔!"라는 말을 하루 종일 듣는다. 틈만 나면 움직이고, 몸을 흔들고, 덜거덕거리며, 구른다. 나는 이 에너지로 문제를 일으키기보다는 창의적이며 유익하게 잘 활용하는 방법을 찾아보라고 격려한다. "나는 신체 재능이 뛰어나며, 이 재능을 잘 살릴 거예요!"라고 말하는 아이를 보면 절로 얼굴이 환해진다.
아마 당신도 다음과 같은 생각을 해보았을 것이다.

주의력결핍 과다행동장애ADHD로 짐작되는 아이들 중 상당수가 신체 재능이 뛰어날 뿐 ADHD를 지닌 건 아닐 수 있다.

이 장애와 신체 재능은 공통점이 있다(둘 다 많이 움직이고 감촉과 직접적인 경험으로 배운다). 그래서 전자가 후자로 오인될 수도 있다. ADHD로 진단받은 아이들 중에는 신체 재능도 뛰어난 아이들이 많다. 만일 당신의 자녀가 그런 경우라면, 아이의 신체적 에너지와 감촉과 행동에 치중하는 생활 방식을 인정해 줄 필요가 있다. 때로는 적절한 약물 치료가 필요하겠지만, 하나님이 베푸신 가장 위대한 삶의 체험 통로를 약물로 차단시키지 않도록 주의해야 한다. 나는 아이들이 ADHD인지 아닌지에는 별로 관심이 없으며, 그런 장애에도 불구하고 그 아이들이 다른 사람들을 존중하는 자제력을 지니고 있는지에 관심이 있다고 말한다.

갈등

신체 사용에 능숙한 아이들은 다른 아이들을 해치고 자신을 문제에 빠트리려는 유혹을 받을 수 있다. 어릴 때에는 주먹질, 발길질, 꼬집기, 깨물기로 자신의 실망감과 두려움을 표현하기도 한다. 이 아이들은 부모 형제나 친구들과 함께 재미로 레슬링을 즐기면서 언제 어떻게 중단해야 할지 모르는 경우가 종종 있다. 그 결과 장난이 지나쳐서 싸움으로 이어지기도 한다. 신체 재능을 잘 활용하게 하기 위해서는 아이들의 강점을 인정함과 아울러 아이에게 필요한 자제력도 개발하도록 도와야 한다.

목적 : 내가 사는 이유는 무엇인가?

하나님 증거하기

모든 아이들은 자신이 살아가는 이유를 알아야 한다. 아이들이 이 필요를 직접 말로 표현하지는 못하더라도 다음과 같은 질문 속에서 드러난다.

"왜 내가 이것을 해야 해요?"

"이것이 나와 무슨 상관이 있어요?"

"내가 자라서 할 수 있는 게 뭘까요?"

이 질문들은 특히 신체 재능 아이들에게 흔할 수 있다. 종종 그 아이들은 자신이 학교나 교회에서 혹은 심지어 집에서조차 별로 도움이 되지 않는 존재라고 느끼기 때문이다. 또한 삶의 모든 분야가 자신과는 무관하다고 느낄 수 있다.

이 아이들은 움직임을 통해 삶을 경험하며, 기분이 고조되면 움직이지 않을 수 없다. 이들이 가만히 앉아 있는 것이 쉽지 않은데 늘 그렇게 하도록 기대된다. 그러다 보니 종종 자신의 삶이 성공적이지 못하다는 느낌을 받아 좌절감이나 의기소침에 빠질 수 있다. 이뤄야 할 목적이 있다는 신념이 이 아이들에게는 과장된 생각이다.

신체 재능 아이들의 강점을 고려하지 않고 줄곧 앉아 있으라거나 귀 기울이라고 요구하면 절망감과 목적 상실을 유발할 수도 있고 신체 재능을 마비시킬 수 있다. 일단 그렇게 되면, 신체 재능 아이들이 아예 움직이려고 하지 않을 수도 있다. 무관심이 끼어들어 그 아이들의 모든 신념들을 파괴한다. 그렇게 되면 학교와 교회에서의 학습이 한층 더 힘들어질 것이다. 자신의 가장 큰 강점 중 하나를 더 이상 활용할 수 없기 때문이다. 신체 재능이 마비되면 하나님께 영광 돌리는 일도 더 힘들어진다. 이 아이들을 양육하고 가르치려면 적극적이고 긍정적인 자세가 필요하다.

가만히 앉아서 주의 깊게 귀 기울이는 것이 어떻게 하나님께 영광 돌리는 일인지를 이 아이들에게 가르칠 수 있다. 이것이 그 아이들에게 몹시 힘든 일임을 하나님이 이해하신다는 사실을, 따라서 움직이고 싶은 마음을 컨트롤하려는 그들의 노력을 하나님이 특별히 기뻐하신다는 사실을 그 아이들에게 알려 줄 수 있다. 자신이 신체적으로 차분할 수 있다는 사실을 발견하면 이 아이들은 큰 희망을 가질 것이다. 무엇이 핵심일까?

필요한 자제력을 배우도록 신체 재능 아이들을 돕는 과정에서 당신은 긍정적이며 낙관적인 태도를 유지할 수 있는 체력과 인격을 갖춰야 한다. 조용히 앉아 있도록 당부하는 것과 조용히 앉아 있도록 가르치는 것은 전혀 별개이다. 당신이 가르칠 때 하나님께서 영광을 받으신다. 당신이 적절한 역할 모델이 되어 주어야 함은 물론이다.

가만히 앉아 있는 자녀를 칭찬할 수도 있다. 단순히 "좋아."라는 말로는 무엇을 계속해야 할 것인지 가르칠 수 없다. 다음과 같은 구체적인 표현을 사용하는 게 좋다.

"네 다리를 흔들거나 머리털을 꼬지 않으니 고맙구나. 너는 나나 다른 사람을 산만하게 만드는 일을 전혀 하지 않았어. 자제력을 배우고 있구나."

신체 재능 아이들은 이외에도 훨씬 더 많은 일들을 할 수 있다. 그 아이들이 자신의 몸을 활용하는 기술을 개발할 때 하나님이 영광을 받으신다.

신체 재능 아이들은 율동이나 댄스로 하나님을 섬기며 예배할 수 있다. 수화를 배워 교회 예배나 회의 때 농아들을 위해 봉사할 수도 있다. 혹은 교회 드라마팀을 구성해 어른 예배나 청소년 예배 때 사역할 수 있다.

신체 재능 아이들 중 다수가 꼭두각시놀음과 어릿광대 노릇을 쉽게 해낸다. 자신보다 더 어린 아이들을 대상으로 하는 복음 전도 프로그램을 위해 이런 재주를 활용하는 걸 즐긴다. 물론 다른 재능 강점들도 이 일들에 영향을 미칠 것이다.

운동선수들은 교회의 후원을 받는 팀이나 학교 팀에서 활동할 수 있고, 더 어린 아이들을 지도하는 일을 도울 수도 있다. 이들 역시 스포츠를 복음 전도의 발판으로 활용할 수 있다. 나의 질녀인 캐티는 고등학생 때 축구 경기를 위해 북아일랜드를 여행했고, 대학생인 지금은 남아프리카로 향하고 있다. 이 선교 여행에서 그녀는 다른 팀 선수들에게 "난 그리스도를 위해 뛰어요. 내가 경기를 하는 건 바로 그 때문이죠. 그쪽은 어때요?" 하고 말을 건넨다.

　신체 재능 청소년들에게 어울리는 다른 활동들로는 응원단원으로 활동하기, 악단에서 드럼이나 클라리넷 연주하기, 그림 재능 또래 친구들에 의해 만들어진 포스터에 글자 새기기, 과제물을 정리하는 선생님 돕기 등을 들 수 있다.

　당신이 신체 재능 자녀를 잘 양육해 하나님께 영광 돌릴 생각을 한다면, 그 아이들이 감촉과 움직임을 통해 삶을 경험한다는 점을 기억하라. 그들은 경청보다는 행동을 통해 더 많이 배운다. 이 아이들에게 맡길 어떤 일을 계획해 놓으면 가정 예배를 더욱 잘 드리게 될 것이다. 손을 부지런히 움직이게 하는 일이면 무엇이든 도움이 될 것이다. 그 아이들이 일어서거나 걷거나 의자에 앉아 흔들도록 허용해 주라. 짧은 교육 시간에 드라마나 몸짓이나 물건을 활용하면 도움이 될 것이다.

　많은 근육들을 사용하게 해서 학습 효과도 올려 주는 최선의 방법은 다른 아이들을 위해 봉사하게 하는 것이다. 예를 들어 성경 구절을 암송해 그 말씀을 요양소에서 낭송할 수 있다. 다른 사람들을 먼저 배려하는 마음에 대해 배운 후에, 당신의 가족이 교회 증축팀에게 점심을 제공하는 일을 자원할 수도 있다. 당신의 가족이 흥미를 느끼는 일들은 무엇인가?

직업

 신체 재능이 뛰어난 아이들은 아마도 감촉이나 눈-손 공동작용 또는 큰 동작에 의존하는 직업에 마음이 끌릴 것이다. 내 척추를 지압해 주는 사람이 신체 재능인이어서 다행이다. 나는 편안한 마음으로 엎드린다. 내가 다니는 치과의 의사가 신체 재능인이어서 다행이다. 드릴이 정확하게 사용되어야 하기 때문이다. 미용사 벨의 신체 재능이 뛰어나서 다행이다. 그녀는 내게 꼭 맞는 헤어스타일로 만들어 준다.

 당신의 자녀들은 이 밖에도 기계공, 체육 교사, 오케스트라 지휘자, 목수, 배관공, 용접공, 트럭 기사, 스턴트맨/스턴트우먼, 물리치료사, 외과의사, 배우, 재봉사, 스포츠 코치, 캠프 인도자 같은 직업에 끌릴 것이다.

소속 : 누가 나를 원할까?

 모든 아이들은 누군가에게 필요한 존재이길 원한다. 많은 신체 재능 아이들이 팀 스포츠를 통해 이 욕구를 채운다. 대체로 그 아이들은 다른 선수들과 잘 어울리며, 특히 인간관계 재능에도 뛰어날 경우에는 동지애를 즐긴다. 또한 친구들이나 가족과 함께 경기장에 가거나 TV로 스포츠 보는 걸 좋아한다.

 신체 재능 아이들은 병원에 입원한 아이들을 위해 나무 장난감 만드는 팀에 합류할 수도 있다. 드라마나 미술과 같은 활동에 참여하는 것도 소속감을 높여 줄 것이다.

　또한 신체 재능 아이들은 많이 움직이는 다른 아이들과 가장 친해질 가능성이 있다. 많이 움직이며 만지는 아이들이 자신과 비슷한 아이들과 제일 친해지는 경우가 흔하다. 이 아이들은 함께 사고를 치면서 가까워지기도 한다. 물론 함께 어울리면서 서로 도우며 배려하는 법도 배울 수 있다.

　신체 재능 아이들 중에는 쉴 새 없이 움직여 다른 사람들을 혼란스럽게 하는 아이들이 더러 있다. 이 때문에 다른 아이들이 가까이하지 않을 수 있다. 교사들이 신체 재능 아이들에게 어떻게 반응하는지, 그 아이들에 대해 다른 아이들에게 무슨 얘기를 하는지가 그들의 소속감에 영향을 미칠 것이다. 만일 신체 재능이 부족한 아이들이 신체 재능 아이들을 말썽꾸러기들로만 여기면 그 아이들을 무시할 수도 있다. 이것은 안타까운 일이다. 신체 재능 아이들의 활력과 협동심은 성가시기보다는 유익하게 작용할 수 있기 때문이다.

하나님과의 연결

　신체 재능 아이들은 움직일 때 하나님과 가장 잘 연결될 수 있다. 예배 중에 몸을 사용하는 것이 그 아이들에게는 중요할 수 있다. 하지만 예배 중에 단지 몸을 흔들거나 손뼉 치거나 손을 든다고 해서 신체 재능이 뛰어난 걸로 판단하지 않도록 주의해야 한다. 나의 가장 친한 친구 하나는 신체 재능이 뛰어나지만 하나님께 예배드릴 때에는 매우 차분하다. 그녀는 말할 때 손을 많이 사용하고 운동선수 출신이며 정규적으로 운동하고 흔들의자를 즐긴다. 그러나 예배 중에는 가만히 앉아 있을 때가 많다. 반면에 어떤 사람들은 서서 예배드리거나 무릎 꿇고 기도할 때 하나님의 임재를 가장 강하게 느낀다.

신체 재능 아이들은 자신의 경험과 행동으로 배우기 때문에 성찬식, 세례식, 헌금과 같은 의식들이 매우 중요할 수 있다. 당신은 세례식 예배에 참석하며, 자녀로 하여금 헌금하게 하고, 중요한 가르침을 위해 성찬식을 활용할 수 있다.

신체 재능 아이들의 관심을 끌 만한 성경 구절들이 있을까? 그 답은 아이들의 신체 재능 강점과 흥미가 어떤 것인지에 달려 있다. 신체 재능 아이들이 좋아하며 유익을 얻는 구절은 건축느 1-13장; 눅 6:46-49, 달리기고전 9:24-27; 딤후 4:7, 전투력삼상 17장; 시 18편, 공예출 31:1-11, 영적 전투를 위한 하나님의 전신갑주엡 6:10-18 등일 수 있다.

안전 : 내가 누구를 신뢰할 수 있을까?

신뢰 대상

아이들은 하나님과 신뢰할 만한 사람들을 의지해야 하지만, 부분적으로는 그 외의 것들을 의지할 때가 더러 있다. 다른 것들을 의지하는 건 불건전하므로 그런 신뢰를 격려하거나 본을 보이지 않도록 주의해야 한다. 신체 재능 아이들은 능숙한 눈-손 공동작용으로 인해 미술품을 창작하거나, 뛰어난 손재주로 인해 빠르고 정확하게 타이핑하거나, 육상 경기에서 허들을 빨리 뛰어넘는 자신의 재능이나 능력을 의지하려는 유혹을 받을 수 있다.

  신체 재능에 대한 불건전한 신뢰는 어떻게든 경기나 대회에서 이기려는 과도한 욕구로 표출될 수 있다. 당신의 아들이 축구 경기에 나서거나 미술 대회에 참가하거나 예배팀에 들기 위해 베이스 기타를 배우고 있다면 오직 승리에만 집착하지 않도록 주의하라. 이기려는 욕구는 형제간의 장난삼아 하는 레슬링을 승부에만 치중하는 호전적 시합으로 변하게 할 수 있다.

  테니스 경기나 농구 경기 후에 당신의 첫 번째 질문이 "이겼니?"라면, 당신의 자녀는 당신에게 가장 중요한 것은 승리라고 생각할 것이다. 그러면 아이들도 승리를 가장 중요시하게 되며, 이겼을 경우에만 자신을 좋게 생각할 것이다. 경기가 끝난 후에 당신의 첫 번째 질문이 "재미있었니? 예수님 닮은 태도를 보였니?"라면 어떻게 될까?

부모에 대한 신뢰

  당신이 신체 재능 자녀의 에너지와 행동 욕구를 긍정적인 눈으로 볼 때 아이들이 당신을 신뢰할 것이다. 반대로 쉽게 낙심하거나 앉으라느니 가만히 있으라느니 손으로 두드리지 말라느니 하는 말만 줄곧 하는 부모라면 아이들은 멀어지려 할 것이다.

제대로 가르치고, 뒤뜰에서 연습을 도와주고, 여러 가지 활동을 위해 시간을 할애하며, 필요한 자료들을 공급해 주는 부모에게 자녀는 관심을 보이고 신뢰한다. 함께 스포츠를 즐기고, 차의 오일 교환이나 차고 청소와 같은 일들을 함께할 때에도 신뢰가 깊어진다. 수영장이나 골프장에서 신뢰를 돈독하게 쌓은 부모와 자녀들이 많다. 신체 재능을 활용하는 동안에는 아이들이 말을 많이 할 수 있고, 따라서 소속감도 커진다. 소속감과 신뢰는 비례한다.

훈계하거나 동기를 부여할 때도 아이들의 신체 재능을 고려해야 한다. 진지한 얘기 중에 아이들이 공손한 자세로 움직이는 정도는 허용해 주는 것이 좋다. 단순히 얘기만 하기보다는 움직이면서 해결책을 찾게 하라. 지나치거나 경박스럽지 않는 한 적절한 움직임은 도움이 될 수 있다.

신체 재능 아이들이 감촉을 통해 배운다는 점을 기억하라. 그러므로 접촉 칭찬과 접촉 교정을 지혜롭게 활용하라. 신체 재능이 뛰어난 아이를 칭찬하고 싶을 때는 등을 두드리고, 머리털을 쓸어 주며, 눈을 맞추면서 칭찬하라. 유익한 교정을 시도할 필요가 있을 때에도 마찬가지이다. 딸을 진정시키는 대화를 나눌 때에는 부드럽게 손목을 잡아 주라. 하려는 일에 대해 좀더 차분하고 주의 깊게 생각해 보라고 아들에게 이야기하고 싶을 때는 부드럽게 아들의 머리나 이마에 손을 얹으

라. 이 같은 부드러운 스킨십은 자녀들이 당신의 말을 기억하게 도와줄 것이다.

하나님에 대한 신뢰

그림 재능 아이들이 하나님이 주시는 그림들을 신뢰하는 법을 배울 필요가 있듯이, 신체 재능 아이들은 자신의 직관적인 신체 반응을 신뢰하도록 격려받을 필요가 있다. 그 아이들이 어떤 콘서트에 가서는 안 된다거나 할머니에게 전화해야 한다고 했을 때의 느낌에 대해 말할 수도 있다. 또한 무엇을 행하거나 말하게 하는 "감동"에 대해 창 43:30; 출 35:21 말할 수도 있다.

앞에서 다니엘과 함께 사자굴에 서 있는 자신의 모습을 마음속에 그려 보도록 아이들에게 권했던 사실을 기억하는가? 자신의 믿음의 깊이를 판단하기 위한 방법들 중에서 그 활동이 다른 어떤 것보다 더 효과적이었다고 말하는 아이들이 많았다. 신체 재능 활동들을 정규적으로 활용하면 아이들이 하나님을 보다 깊이 경험하고 신뢰하는 데 도움이 된다.

능력과 흥미

당신과 자녀들이 지니고 있는 신체 재능 능력과 흥미들은 무엇인가? 그 차이가 갈등을 유발할 수 있는가? 자녀들과의 굳건한 관계가 공통점 때문인가? 아래 도표에 가족의 이름을 적어 넣을 때, 본장에서 배운 내용과 생활 속에서 관찰했던 사항에 대해 생각해 보라.

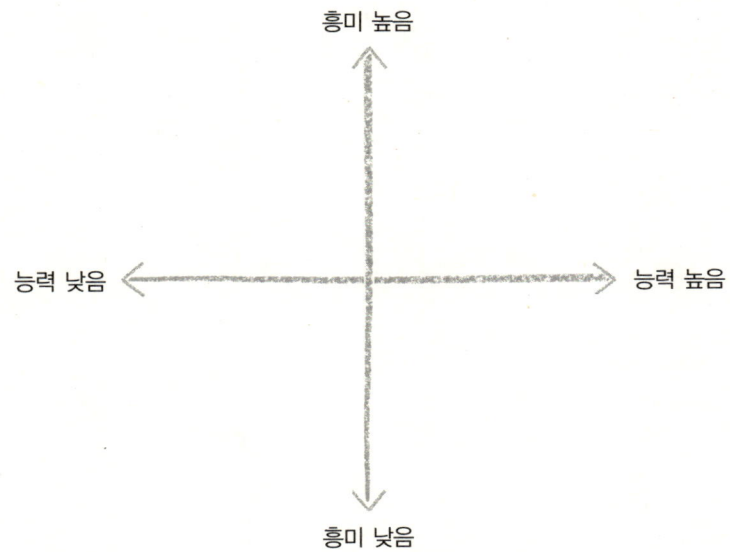

HOW AM I SMART?

chapter 8.

패턴들로 생각하는 아이

자연 재능

    질녀인 베스티는 "난 자연 재능이 뛰어나요!"라고 확실하게 말하는 아이다. 베스티의 아빠에 의하면, 그 아이는 걸음마 시절부터 인형이나 장난감보다 박제된 동물에 더 관심을 보였다고 한다. 그 아이가 인형을 가지고 놀 때에는 인형들을 자그마한 장난감 조랑말에 태우기 일쑤였다. 겨우 15개월 된 베스티가 받은 크리스마스 선물 중 하나는 흔들리는 장난감 말인 '브라우니'였다. 아이는 걸핏하면 그것을 타고 놀았고, 탈 때마다 너무 좋아했다.

    베스티는 자연스럽게 동물들에게 이끌렸고 동물들과 함께 있는 걸 좋아했다. 베스티 부모의 말을 빌면, 동물원에 갔을 때 아이는 "무서워하거나 무모한 행동을 하지 않고 동물들을 어떻게 대해야 하는지를 잘 알고 있는 것 같았다."고 한다. 아무도 아이에게 그런 요령을 가르쳐 준 적이 없었다. 그런 자연적 성향은 하나님께 받은 것이다. 아이의 부모는 그 성향에 주목했고 그것을 뒷받침해 주었다. 우리 부모님도 여러 해 동안 동물원 입장권을 선물함으로써 베스티의 자연 재능을 후원하셨다.

베스티는 자신의 첫 번째 애완동물인 '지브러'라는 물고기를 기억한다. 재스민과 쿠키라는 두 마리의 게르빌루스쥐들도 길렀다. 나중에는 스니커스라는 강아지를 길렀다. 베스티는 스니커스에 대한 애착이 너무 강해서 그 강아지도 구원해 달라고 주님께 부탁드릴 정도였다. 이것은 자연 재능 아이들의 특징일 수 있다.

베스티는 어릴 때 승마 레슨을 시작했다. 베스티가 먼저 제안한 레슨이었다. 장난감 조랑말과 흔들리는 장난감 말에 만족하지 않고 승마 레슨을 받을 수 있을 거라는 생각을 어떻게 했는지! 분명 베스티를 지으신 하나님이 주신 욕구였다. 베스티는 마구간 청소를 즐겼다. 편자에 묻은 먼지를 털어내고, 털을 솔질하며, 먹이를 가져다 주었다. 한겨울의 추위도 아랑곳하지 않았다.

베스티의 흥미를 후원해 준 동생과 올케가 자랑스럽다. 올케는 잠시 동안 승마 교습비 대신에 승마 교사의 딸에게 피아노를 가르치기도 했다. 베스티가 스모키 조와 스니커스를 데리고 4H 클럽에서 주최하는 경연 대회에 참가했을 때 동생 부부는 하나님을 신뢰하는 마음으로 자금을 조달했다. 그들은 딸을 위해 희생했다.

우리가 함께 차를 타고 플레전트 힐 농장을 지났던 적이 있다. 거름 냄새가 나자 베스티는 숨을 깊이 들이마시며 "난 이 냄새가 좋아!"라고 했다. 그 아이 혼자만 좋아했다. 베스티의 타고난 자연 재능 강점 덕분에 다른 여러 사람들의 자연 재능이 일깨워지거나 강화되었다. 베스티의 흥미와 능력 덕분에 그 아이의 부모, 우리 부모님, 베스티의 형제와 자매, 그리고 나도 자연 재능 면에서 많이 좋아졌.

당신도 베스티와 같은 자녀를 기르고 있는가? 아니면 자녀의 자연 지능을 더 일깨우고 싶은가? 본장을 계속 읽어나가면서 자녀의 강점들과 흥미에 대해 신중하게 생각하라. 그러면 아이들의 자연 재능 능력이 높은지 낮은지, 자연 재능 흥미가 높은지 낮은지 판단할 수 있을 것이다.

역량 : 내가 잘하는 건 무엇일까?

자연 재능 아이들은 패턴들로 생각한다. 그들은 눈에 보이는 새가 블루버드인지 큰어치인지를 그런 식으로 기억한다. 또한 방금 지나친 나무들이 느릅나무인지 오크인지도 안다. 끝이 둥근 잎이 붙은 나무가 무엇인지를 기억하기 때문이다. 그들은 유사점과 차이점에 주의를 기울인다. 따라서 자신이 사는 지역의 다양한 동물군과 식물군에 대해 상세히 기억할 수 있다.

자연 재능 아이들은 눈을 많이 사용한다. 따라서 이 지능은 그림 재능과 밀접하게 연관된다. 하지만 자연 재능 아이들은 그림 재능 아이들이 영상으로 생각하는 것과 같은 방식으로 생각하지는 않는다. 이 아이들은 패턴들로 생각하기 때문에 모양, 크기, 색, 디자인, 주변 환경 따위에 주목한다. 쉽게 그리고 자연적으로 비교하며 대조한다. 쉽게 분류하는 경향도 있다. 또한 패턴들을 관찰해 두면 힘이 된다는 걸 알고 있다.

자연 재능 아이들이 패턴에 주목할 때 눈만 사용하는 건 아니다. 그 아이들은 나뭇잎의 결, 바위나 조개껍질의 굽은 모양, 연못의 물과 웅덩이 물의 온도 차이를 파악하기 위해 촉감을 활용하기도 한다. 이처럼 감촉으로 생각하는 것은 신체 재능과 관련된다.

우리 어머니는 꽃꽂이를 잘하신다. 꽃나무 재배에도 능숙하시다. 어머니와 아버지는 안마당 곳곳에 갖가지 꽃들을 심으셨다. 부모님이 집을 팔고 아파트로 이사하셨을 때는 테라스에 꽃을 심을 수 있도록 미리 허락을 받아 두셨다. 만일 그것이 허용되지 않았다면 그 집으로 이사하지 않으셨을 것이다. 부모님은 정원을 보살피는 것을 힘들어 하셨지만, 그 일을 아예 포기하고 싶어하지는 않으셨다.

현재 어머니의 2층 아파트에서는 발코니에 둔 꽃 상자들과 제라늄 화분들이 중요한 물건들이다. 어머니가 색과 높이와 결이 다양한 꽃들과 잎들을 함께 모아 꽃병을 꾸미신 것은 탁월한 자연 재능 덕분이다. 여름과 가을에 어머니를 방문할 때면 방마다 어머니의 작품들이 나를 반긴다.

당신의 자녀가 지닌 자연 재능 강점은 무엇인가? 아이들이 이미 원예에 관심을 기울이는가? 비가 드물고 햇볕을 많이 받는 곳에서도 식물을 잘 키우는가? 꽃 색깔 고르는 일을 도우러 함께 화원에 가는 걸 좋아하는가? 새로 꾸밀 정원에 어울리는 돌의 크기와 색깔을 기꺼이 고르려고 하는가?

베스티처럼 어쩌면 자녀들의 자연 재능 강점이 동물들을 대할 때 두드러질지도 모른다. 그 아이들은 학교의 애완동물을 즐겨 돌보거나 직접 키울 수도 있다. 나처럼 동물원을 즐길 수도 있다. 아마 그 아이들은 곤충들을 수집하고 개미나 거미를 밟지 못하게 할 것이다.

자연 재능 아이들의 강점은 날씨 영역에서도 나타난다. 그 아이들은 날씨에 관심을 기울이고, 날씨를 정확히 예측하는 법을 배우며, 구름 관찰을 즐길 수 있다. 또한 어느 것이 적운이며 어느 것이 층운인지 쉽게 분별할 수 있다. 장애아 특수 교육을 담당하고 있는 패티라는 친구가 한 학생에 대한 이야기를 들려주었다. 그 아이는 더듬거리며 읽고 덧셈과 뺄셈은 거의 못한다. 하지만 매일 아침 컴퓨터 앞에 앉자마자 날씨를 보도한다. 그것이 그의 흥미이며 능력이다.

자연 재능 아이들은 주위 환경에 민감하다. 하워드 가드너 박사에 의하면, 도시에서 자란 사람들은 도시 환경 속에서 자연 재능을 활용한다. 시골 환경에서 자란 사람들은 그 재능을 자연 속에서 활용한다. 주위 환경이 어떠하든 자연 재능 아이들은 패턴들을 관찰하고 분석하며 기억하기 위해 같은 재능을 활용한다.

공원에서 마실 물이 나오는 샘, 지는 해의 그림자에 서서히 덮이는 샹들리에, 아들이 잡은 뱀의 색깔, 딸이 수집한 도기와 박제한 양, 세심하게 고르는 크리스마스 트리, 커튼과 베개의 디자인, 신중하게 찾는 조가비, 할아버지의 아프리카산 지팡이 등이 모두 관찰 대상이다.

다른 지능들과 마찬가지로 자연 재능에도 강도의 차이가 있다. 예를 들어 나는 자연을 즐긴다. 나는 여행 중에 타호 호의 눈 덮인 산들, 스코틀랜드의 구릉을 뒤덮은 안개, 아프리카 세네갈의 야생 짐승들을 구경하는 특권을 누려 왔다. 나는 자연을 그저 감상한다. 그것을 굳이 이해할 필요는 없다. 자연 재능 면에서 나보다 뛰어난 아이들이 많다. 그 아이들은 식물, 동물, 구름, 날씨는 물론 환경과 관련된 다른 모든 요소들을 이해하길 원하기 때문이다. 실제로 그렇게 할 수 있는 아이들도 많다.

몇 년 전 샌프란시스코 북부의 한 신학교에서 학습 스타일에 관해 가르친 적이 있다. 그 캠퍼스에 사슴들이 산다는 말을 들었는데, 그 이야기를 생각하자 여러 가지 의문이 떠올랐다. 사슴들이 어떻게 캠퍼스로 오게 되었을까? 무엇을 먹을까? 차에 부딪히지 않은 이유가 무엇일까? 가능하다면 캠퍼스를 떠나길 원할까?

어느 날 교학과 부과장인 윌리엄스 박사와 함께 점심을 먹고 돌아오는데, 사슴 몇 마리가 우리 차 앞에서 길을 건너려고 뛰었다. 다행히 차에 치이지 않았다. 순간 나는 "쟤들이 여기서 뭘 하고 있죠?" 하고 말했다. 이 질문은 자연 재능으로부터 나온 것이 아니었다. 분명 자연 재능은 나의 강점에 해당하지 않는다. 그러면 어떤 재능이 이런 질문을 유발하게 했을까? 나의 논리 재능이었다. 사람들의 왕래가 잦은 캠퍼스에 사슴들이 산다는 사실을 나는 이해할 수 없었고, 그래서 그 이유를 알고 싶었던 것이다.

나의 사례에서 엿볼 수 있듯이, 개별적인 특정 사실에 근거해 자녀의 지능적 강점을 결정하려는 시도는 피하는 게 좋다. 윌리엄스 박사는 나를 자연 재능이 매우 뛰어난 사람으로 오인했을 수 있다. 물론 그것은 그다지 심각한 일이 아니지만, 만일 자녀의 지능적 강점을 잘못 판단하면 자녀의 학습이나 동기 부여에 부정적 영향을 미칠 수 있다. 그러므로 주의하라. 일관성에 유의하라.

다른 측면에서 생각해 볼 수도 있다. 만일 당신의 자녀가 내가 했던 것과 같은 질문을 하고 그 질문이 아이의 성격에서 비롯된 것 같다면, 그것은 아이의 자연 지능을 일깨울 기회일 수 있다. 다시 말해서, 만일 당신이 차를 모는 중에 아이가 사슴을 보고서 "쟤들이 여기서 뭘 해요?"라고 묻는다면, 당신은 그 물음에 대한 답을 찾을 수 있도록 시간을 할애해 도울 수 있을 것이다. 당신은 자녀의 다른 의문들에 대해서도 물어볼 수 있다. 당신 생각을 먼저 이야기하고 함께 답을 찾아볼 수도 있다. 이 과정에서 자녀의 자연 재능이 일깨워질 수 있다.

8가지 지능들 각각에 대해 이 같은 기회를 잘 활용할 필요가 있다. 자녀의 지능들을 찾아내고 강화시키는 일을 위해 시간을 할애하라. 충분히 그럴 만한 가치가 있다.

자연 지능 역시 결코 단독으로 작용하지 않는다. 많은 과학들이 식물, 동물, 지형, 날씨 등의 자연과 밀접하게 연관되어 있다. 아이들이 과학에 소질이 없다고 말하지 않게 해야 하는 것도 이 때문이다. 어떤 아이는 일반과학에서 그럴싸한 성적을 얻으려면 몹시 애를 써야 할 것이다. 하지만 그렇다고 해서 그 아이가 다음해에 생물학 과목에서도 반드시 고생한다는 법은 없다.

화학이나 물리학처럼 논리 재능과 직결된 과학에 서투른 아이들이 자연 재능 관련 과학에 탁월한 면을 보이기도 한다. 후자로는 어떤 것들이 있을까? 천문학, 생물학, 식물학, 생태학, 지구과학, 곤충학, 지질학, 파충류학, 원예학, 어류학, 기상학, 해양학, 조류학, 고생물학, 화산학, 동물학 등이 있다. (이 목록이 영어로 알파벳순인 것을 알아차렸는가? 나의 논리 재능이 개입했기 때문이다.) 당신의 언어 재능적 호기심이 자극되었는가? 여기서 '……학'에 해당하는 영어 '……logy'는 '과학, 신조, 이론'을 뜻한다.

역사 내에서도 자연 재능 아이들의 관심을 쉽게 끄는 부분이 있을 것이다. 예를 들면 이 아이들은 별들을 보고 항해하며 양식을 위해 짐승을 잡고 손으로 만든 연장으로 카누를 만들었던 탐험가들의 이야기에 매료된다. 아메리카 인디언들은 자연 재능 강점을 지닌 것이 분명하므로 그들에 관한 연구가 이 아이들의 호기심을 자극할 수 있다. 만일 아이들이 역사에는 관심이 없지만 자연에 관심이 있다면 이들 두 분야가 어떻게 연관되는지 알려 주라. 이것은 성경 공부 시간에도 적용될 수 있다.

학습법과 교수법

공부하는 아이들의 자연 재능 부분을 활성화하려면 패턴들을 찾고 유사성과 차이점에 주목하도록 격려해야 한다. 이 방법은 시, 구약성경의 위인들, 어휘의 접두사들, 디자인 등을 공부할 때 효력을 발휘할 것이다. 필기체 학습, 기하학에서 삼각형들 구분하기, 물리학 공식 암기 등도 일정한 패턴을 찾을 때 더 쉬워질 것이다.

대개 자연 재능 아이들은 모양, 색, 디자인, 결에 따라 물건들을 모으고 분류하는 걸 즐긴다. 따라서 특정한 것들을 모으는 과제를 제시해 보라. 그 아이들은 돌, 깃털, 나뭇잎, 도토리 따위를 모으는 걸 즐길 수 있다. 또한 'br' 자로 시작하는 것들 중 작은 것과 중간 크기와 큰 것들을 분류해 모을 수도 있다.

아이들이 공부를 자연과 연관시키는 방법을 찾도록 도와주라. 이렇게 하면 학습 의욕이 높아지고 관심이 증가하며 정보를 기억하는 데 도움이 될 것이다. 뉴질랜드 출신의 내 친구 하나는 열세 살 때 학업을 위해 친구들과 직장을 구해야 했다. 내 친구는 개를 좋아했기 때문에 맹인안내견 회사에 취직했다. (지금은 자신이 자연 재능이 뛰어남을 알고 있다.) 친구들은 큰 회사들을 골랐지만 이내 싫증을 내며 힘들어 했다.

야외학습도 이 아이들에게 도움이 될 수 있다. 하지만 자연 재능 아이들 중에는 야외학습을 싫어하는 아이들도 있다. 야외학습을 원하는 아이들은 자신의 과제를 야외에서 효과적으로 끝낼 수 있음을 입증할 필요가 있다.

비교하고 대조하며 분류하는 법을 가르침으로써 아이들의 자연 재능을 강화시킬 수 있다. 패턴을 파악하도록 도와주는 게임이나 활동을 활용하라. 아이들에게 여러 가지 디자인을 보여 주고서 서로 어울리는 두 가지를 고르게 하는 것처럼 간단한 방법도 있다. 패턴들을 세부적으로 구분할 수 있도록 아이들의 눈을 훈련시키라. 동물들을 접하거나 야외에서 조사할 기회를 마련해 줄 수도 있다. 아이들에게 분명하고 구체적인 목적이 있을 때 이런 경험이 가장 효과적일 것이다. 특히 아이들에게 자신감이 부족할 경우에 이러한 자연 재능 활동들을 제시하는 것이 매우 바람직하다. 이를 통해 아이들은 자신의 지능적 강점을 자연스럽게 발견할 수 있다.

정체성 : 나는 누구인가?

자연 재능 활동에 관심이 있는 아이들은 "나는 누구인가?"라는 정체성을 묻는 질문에 다음과 같이 대답할 수 있다.

- "나는 동물을 사랑해요!"
- "나는 캠핑, 하이킹, 텐트에서 잠자기를 좋아해요."
- "나는 돌을 수집해요. 보실래요?"

또한 장래 희망을 대답으로 제시할 수도 있다.

- "난 수의사가 될 거예요."
- "난 애완동물 가게를 차릴래요."
- "나는 서커스 동물 조련사가 되고 싶어요."
- "나는 기상캐스터가 될 겁니다."

바깥으로 나가길 원하는지 물어봄으로써 아이의 자연 재능이 강한지 확인할 수도 있다. 내가 강의 중에 그런 질문을 했을 때, 절반 이상의 아이들이 실내에 있기보다는 바깥에 나가기를 원했다. 아이들은 기분이 고조되면 바깥으로 나가고 싶어한다. 자연 속에 있을 때 더욱 즐거워한다. 단지 풀밭에 앉아 구름을 보고 싶을 수도 있다. 달리면서 놀거나, 자전거를 타거나, 돌을 차거나, 후프를 던지거나, 공원에 가거나, 물쟁반 위에서 노는 새를 보거나, 산책하거나, 현관에 앉아 대화하길 원할 수도 있다.

자연 재능 아이들은 종종 환경에 관심을 가진다. 오염, 재활용, 도로의 쓰레기, 대체에너지 자원에 대한 이야기도 한다. 톰 암스트롱 박사는 이런 아이들을 '생태 재능'이라는 세부적인 범주에 포함시킨다. 이들은 자연적인 장소와 생물들을 돌보길 원한다. 환경을 지키며 미래 세대를 위해 그것을 보존하길 원한다.

신체 재능 아이들과 마찬가지로, 자연 재능 아이들은 동식물과 야외에 있는 것들과 관련한 능력이 자신의 지성의 일부로부터 나온 것임을 알 때 힘을 얻을 것이다. 동물을 좋아하는 성향은 물론이고 뛰어난 재능도 자신에게 있음을 알 때 큰 용기를 얻을 것이다.

자연 재능 아이들은 오랫동안 실내에 있으면 힘들어 할 수 있다. 창문이 없을 경우에는 특히 그렇다. 이런 상황에서 이 아이들은 다른 아이들에 비해 성마르며 부정적인 모습을 더 많이 보일 수 있다. 애완동물도 없는 상태로 줄곧 실내에 있으면 자연 재능이 마비되기 쉽다. 바깥에서 몸을 더럽히는 걸 전혀 허용하지 않거나, 좋아하는 물건을 수집하지 못하게 하거나, 강아지나 고양이와 놀고 싶은 아이에게 그럴 기회를 전혀 주지 않는 것도 자연 재능을 마비시킬 수 있는 요인에 속한다.

갈등

자연 재능 아이들 중 일부는 창조주 대신 피조물을 경배하려는 유혹에 빠지기도 한다. 그들은 자연에 대한 '외경'을 하나님에 대한 경배와 혼동할 수 있다. 학교 수업을 빼먹는 아이들 중에도 자연 재능 아이들이 있지 않을까? 허클베리 핀이 생각난다.

목적 : 내가 사는 이유는 무엇인가?

하나님 증거하기

내 친구 젤리나는 개를 좋아한다. 지방의 한 동물보호소에서 봉사하기로 자원한 것도 그 때문이다. 보호소의 개들과 함께 놀며, 개 우리를 청소하고, 먹이를 주는 일을 얘기할 때면 얼굴에서 빛이 난다. 내 친구에게는 그 일이 너무 즐겁다. 나는 그녀가 하나님께 영광 돌리기 위해 그 일을 자원했다고 보지는 않는다. 자원봉사를 결심했을 때 동물보호소 기사가 눈에 띄었고, 자신의 흥미와도 잘 맞았기 때문에 그 일을 택했을 뿐이다. 하지만 젤리나가 하나님께 받은 은사에 따라 봉사할 때 그분이 영광을 받으신다. 아이들이 반드시 일정한 연령이 되어야만 이런 일에 자원할 수 있는 것은 아니다. 지금 시작할 수 있다. 당신은 아이들의 역할 모델이 될 수 있다.

아이들은 과학 교사를 도와 교실의 동식물을 보살필 수 있다. 교무실의 화분에 물주는 일을 자원할 수 있다. 학교 정문 근처의 관목들과 국기 게양대 옆의 꽃들을 보살피는 일을 도울 수 있다. 잔디밭의 잡초를 뽑거나 낙엽을 쓸어달라는 부탁을 들을 때 자연 재능 아이들은 다른 아이들에 비해 불평을 덜할 것이다.

자연 재능 아이들은 예배당이나 청소년실을 식물과 여러 가지 물건들로 장식하는 일을 도움으로써 하나님을 섬길 수 있다. 그림 재능 아이들처럼 자연 재능 아이들도 물건들을 잘 정돈할 줄 안다.

재활용은 하나님께 영광 돌릴 수 있는 실제적인 방법이다. 유기된 동물을 보살피거나 애완동물을 잘 돌보거나 도로에 인접한 목초지 위로 차를 몰지 않으려고 노력하는 것도 마찬가지이다.

내가 생각하기에, 자연 재능으로 세계를 두루 다니며 봉사하는 선교사들 중 대부분은 아니더라도 다수는 그런 흥미와 능력을 어릴 적에 개발하기 시작했을 것이다. 열악한 기후 속에서 살아남을 농작물을 개발하기 위해 농부들과 더불어 협력하는 선교사들을 아는가? 홍수 때 토양 침식을 줄이려고 뿌리가 깊고 빨리 자라는 나무들을 열심히 심고 있는 선교사들은 어떤가? 외국 선교지의 학교에서 과학을 가르치는 선교사들은 어떤가? 아이들에게 이 영웅들을 소개하라. 그리고 지금 자신의 기술을 개발해 두면 훗날 천국 상급을 얻는 도구로 요긴하게 활용될 수 있음을 알게 하라.

영적 훈련을 받을 때에도 자연 재능 아이들의 특성이 여지없이 드러날 것이다. 기회가 주어진다면 그 아이들은 대부분 야외에서 또는 빛이 들며 마당이나 인근의 들판이 보이는 곳에서 성경을 읽고 싶어 할 것이다. 기도하거나 성경 공부 모임을 가질 때에도 날씨만 허락한다면 야외를 선호할 것이다. 자연 재능이 뛰어나지 않은 내게는 그런 것이 중요하지 않다. 하지만 자연 재능 아이들을 주시한 결과, 그 아이들에게는 가능한 한 야외를 많이 활용하는 것이 매우 중요하다는 사실을 이해하게 되었다. 어떤 아이들이 실내에서 학습할 때 안절부절 못하는 것도 바로 이 때문일 수 있다.

직업

본장에서 이미 몇 가지 직업들을 암시했다. 과학의 각 분야마다 그것과 연관된 직업들이 있고, 동물보호소에도 직원들이 필요하다. 꽃가게, 기독교 캠프, 재활용센터들에서도 마찬가지이다. 당신의 자녀들은 수목 외과술 전문가, 삼림이나 공원 감시원, 수의사나 수의사 보조원, 환경 감시원, 조경 디자이너, 자연 사진가, 선교사, 애완동물 돌보미와 같은 직업들도 고려할 수 있다.

소속 : 누가 나를 원할까?

최근에 한 행사의 강연을 맡아 호텔방에 들어섰는데, 풍성한 선물 바구니가 기다리고 있었다. 나를 초청한 단체에서 준비한 것이었다. 그 속에는 작고 노란 장미 덩굴도 들어 있었다. 그것이 나를 위해 특별히 마련된 것임을 나중에서야 알았다. 나는 텍사스에 거주하는데, 꽃을 보낸 사람은 '텍사스의 노란 장미'라는 노래를 생각했던 게 분명하다. (아마 음악 재능이 뛰어난 사람이었을 것이다!)

행사가 끝난 후에 나는 본서와 관련된 일로 친구 하니 집을 들렀다. 나는 이 꽃을 그녀에게 주고 싶다고 했다. 그러자 하니는 곧바로 "엘리제에게 맡겨야겠어." 하고 말했다. 엘리제는 그 지역에 머물 때면 종종 하니 집에서 지낸다. 엘리제의 식물 지식이 하니에게 도움을 주며, 엘리제는 안마당의 화초나 나무들을 즐겨 손질하기도 한다. 하니 자신도 자연 재능 면에서 탁월하지만, 엘리제가 안마당을 가꾸는 일을 즐긴다는 걸 알고 있다. 그래서 하니는 이런 식으로 엘리제를 배려하는 것이다. 그들은 멋진 팀이다.

어른들과 마찬가지로 당신의 자녀들도 때로는 비슷한 사람들을 통해, 때로는 정반대의 재능적 강점을 지닌 사람들을 통해 소속 욕구를 만족시킬 것이다. 엘리제처럼 다른 사람들에게 유익을 주는 흥미와 소질들을 인정받을 수도 있다. 만일 당신의 자녀들도 배우는 걸 즐긴다면, 자신과 다른 그래서 새로운 것을 발견할 수 있게 해주는 사람과 연결되길 좋아할 수 있다.

자연 재능 아이들과 사귀면 대개 많은 시간을 실외에서 보내며, 공원이나 동물원이나 수족관을 자주 찾게 된다. 둘 이상의 자연 재능 아이들이 함께 어울리면, 실내에서보다는 실외에서 놀며 무엇인가를 탐구하느라고 손발이나 옷을 더럽히기 일쑤이다. 실내에 자연과 관련된 내용의 DVD나 함께 놀 동물들이 없다면, 다른 지능들이 작동하지 않는 한 그 아이들은 힘들어 할 것이다. 예를 들어 만일 그 아이들이 언어 재능 면에서도 뛰어나다면 자연에 관한 책을 읽음으로써 차분해질 수 있다. 만일 그 아이들이 논리 재능 강점을 지니고 있다면, 그 아이들과 함께 자연 관련 웹사이트를 탐구하는 것도 좋은 방법이다. 만일 신체 재능이 탁월해 손을 잘 사용한다면, 회반죽으로 화산 만드는 것을 즐길 수도 있다. 화산을 가능한 한 정확히 만들기 위해 논리 재능을 활용하고, 실감나는 색을 고르기 위해 그림 재능을 활용할 수 있다.

하나님과의 연결

나는 자연 재능 강점을 지닌 사람들을 여러 명 알고 있다. 그들은 숲에서나 숲이 보이는 벤치에 앉아 있을 때 하나님께 예배 드리기가 더 쉽다고 말한다. 짹짹거리는 새 소리를 듣고 마음 설레는 가을 낙엽을 볼 때면 그들은 곧바로 하나님의 창조성을 생각한다. 나무들과 구름과 산들바람을 즐기며 하나님과 단 둘이 시간을 보낼 때 예배를 잘 드리는 사람들도 있다.

이런 취향이 언제 생겼을까? 그들의 자연 재능이 언제 일깨워졌을까? 어릴 적에 자연 재능이 활성화된 사람들은 교회 캠프 기간 동안이나 가족과 함께 숲을 거닐면서 하나님과 함께 누렸던 풍성한 시간을 기억한다. 야외에 있는 것이 자신의 영적 성장을 위해 얼마나 소중한 경험이 될 수 있는지 최근에서야 발견한 사람들도 있다. 만일 당신의 자녀에게 자연 재능 강점이 있다면, 야외에서 하나님의 놀라운 피조물들을 통해 그분을 생각하게 하라.

질녀 베스티는 아주 어릴 때 그리스도를 믿었다. 열한 살쯤 세례를 받았는데, 부모가 아이의 중요한 결단을 기념할 만한 뭔가를 사주고 싶다고 하자 아이는 배나무를 사서 뒤뜰에 심어달라고 했다. 나라면 그런 생각을 결코 하지 않았을 것이다! 동생이 직업 때문에 다른 지역으로 이사했을 때 그 배나무를 가져갈 수 없어 몹시 안타까워했다.

자연 재능 아이들을 하나님께로 이끌며 그리스도 닮은 모습으로 성장시키기 위해 그분이 특별히 사용하실 수 있는 성경 내용은, 창세기 1장의 창조 이야기, 노아 이야기창 6-9장, 홍해가 갈라지는 기적출 14장 등이다. 양과 목자, 독수리와 새끼 독수리의 비유도 매우 효과적이다. 씨 뿌리는 자의 비유마 13:1-23와 갈대의 비유마 13:24-30, 36-43 같은 비유는 자연에 관심이 있는 사람들에게 진리를 쉽게 전해줄 것이다. 영감 어린 시편 23편같이 자연을 활용하는 여러 시편들도 마찬가지이다.

안전 : 내가 누구를 신뢰할 수 있을까?

신뢰 대상

자연 재능이 뛰어난 아이들은 자연을 이해하는 능력이나 그것을 설명하는 능력 따위를 의지하려 할 수 있다. 자연을 가까이할 때 경험하는 즐거움을 의지하려는 유혹에 빠질 수도 있다. 마침내 그런 것이 소용없다는 걸 알게 되지만, 이로 인해 마음의 상처를 입을 수 있다. 당신의 자녀들이 무엇을 의지하고 있는지 늘 살펴서 아이들을 진리로 인도해야 할 것이다.

부모에 대한 신뢰

본장 서두에 수록된 내 질녀 베스티에 관한 이야기에서, 부모를 신뢰하는 자연 재능 아이들에 관해 당신이 배운 것은 무엇인가? 베스티의 부모가 동물을 좋아하는 아이의 마음을 잘 헤아리고 승마 레슨까지 받게 해주었을 때 아이는 부모를 신뢰할 수 있었다. 당신의 자녀들도 마찬가지일 것이다. 당신이 아이들의 말에 귀 기울이고, 아이들의 호기심을 자아내는 것을 주시하며, 질문에 답하도록 도와주고, 함께 야외 탐구 학습에 나서며, 당신이 할 수 있는 일을 기꺼이 해주고, 해서는 안 되는 일을 단호하게 금할 때 아이들은 주목한다.

자연 재능 아이들과 더불어 중요한 이야기를 나눌 때에는, 야외를 좋아하는 아이들의 성향을 기억할 필요가 있다. 가능하다면 바깥에서, 뒷마당에서, 산책하면서 대화하라. 레스토랑의 창가 좌석도 보다 생산적인 대화를 가능하게 할 것이다.

자연 재능 아이들이 패턴들로 생각하며 비교-대조 사고에 능숙하다는 점을 기억하라. 당신은 행동 문제에 관해 대화할 때 이 점을 활용할 수 있다. 아이들의 현재 행동을 과거 행동과 비교하게 하라. 그 아이들이 순종할 때의 당신의 태도가 현재의 태도와 어떻게 다른지 이야기할 수도 있다. 아이들에게 어떤 행동을 지시하기 전에 그 아이들 스스로 개선할 방법을 찾을 수 있는지 유심히 보라.

하나님에 대한 신뢰

자연 재능이 뛰어난 아이들이 하나님을 더 잘 신뢰하게 하려면, 앞에서 언급한 방식대로 하나님과 연결되도록 격려하는 것이 좋다. 하나님이 우주의 창조주이심을 가르치는 것도 좋은 방법이다. 자연 재해를 입고 있는 중이나 그 후에 하나님의 위엄을 가르치는 것도 효과적이다. 자연 재능이 그다지 발달하지 않은 아이들에 비해 자연 재능 아이들은 더 많은 내용을 묻고 싶을 것이기 때문이다. 지진, 토네이도, 허리케인, 번갯불, 지진해일은 이 아이들의 불안과 염려와 호기심을 야기할 수 있다. 당신은 그 아이들과 더불어 시편 46편, 107편, 스가랴 10:1 같은 구절들을 토론할 수 있다. 아이들의 이야기와 질문들을 존중해 주면, 하나님을 향한 아이들의 신뢰가 강화될 것이다.

능력과 흥미

당신의 자녀는 자연 재능 사분면의 어디에 위치할까? 그들의 흥미는 어느 정도일까? 능력은? 당신의 경우는 어떠한가? 당신의 가족 구성원 각자에 대해 생각할 때, 본장에서 배운 내용과 최근에 고찰한 사항을 고려하라.

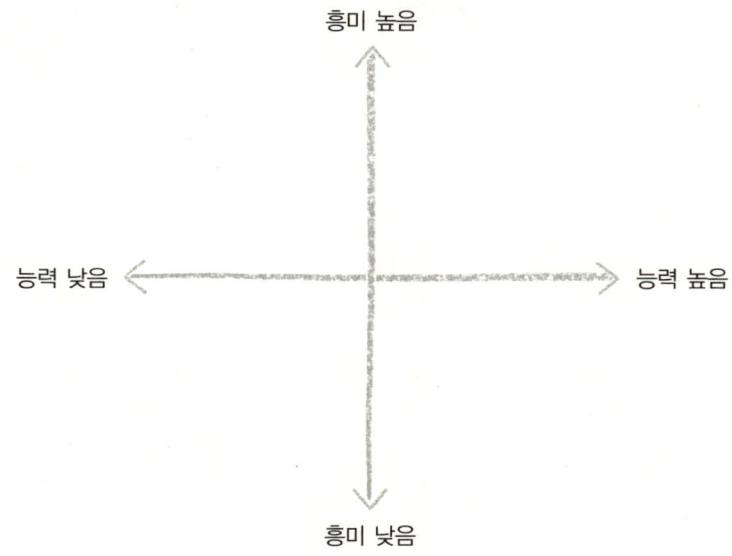

HOW AM I SMART?

chapter 9.

인간관계로 생각하는 아이

인간관계 재능

"브랜든, 숙제 끝냈니?"

"거의요."

"'거의'가 뭐니? 끝냈든지 아니면 끝내지 못했든지 둘 중 하나지."

"지금까지 한 걸 말씀드리고 아빠 의견을 듣고 싶었어요. 철저한 토론을 통해 생각을 잘 다듬을 수 있다고 가르쳐 주셨잖아요. 아빠의 질문들은 언제나 많은 걸 생각하게 해요."

"좋아. 네 말이 맞아. 넌 아빠를 많이 닮았어."

"……다음 달에 이루고 싶은 목표를 정해야 해요. 내 목표에 영향을 미칠 걸로 생각되는 것들의 목록도 작성해야 하고요. 많은 목표들에 대해 생각하며 기도한 후에 나는 평안을 골랐어요. 많은 일들이 일어나고 있고, 그 모든 일들 가운데서 평안할 수 있길 원해요. 그러니 이 목록들 중에 내게 도움이 될 것들과 그렇지 못할 것들이 뭔지 아빠가 좀 봐주실래요? 예를 들면 엄마 아빠는 할아버지가 곧 돌아가실 거라고 했잖아요. 할아버지가 돌아가시면 정말 보고 싶을 거예요. 하지만 더 이상 고통 받지 않고 예수님과 함께 계실 것을 생각하면 기뻐요. 당장은 내 마음이 편치 않겠지만 곧 그렇게 될 것 같아요. 그러니 할아버지의 죽음을 두 목록 모두에 포함시켜야 하나요?"

만일 자녀가 공부 중에나 공부 후에 당신과 자주 대화하길 원한다면, 이는 아이가 인간관계 재능이 뛰어남을 뜻할 수 있다. 이런 아이는 무슨 일이든 누군가와 함께하길 원하며, 조용히 하라는 말을 자주 듣는다. 물론 인간관계 재능의 특징은 이외에도 많다. 자녀들 중에서 이 능력을 지닌 아이가 누군지, 이 능력을 강화시킬 방법이 무엇인지 알아보자.

역량 : 내가 잘하는 건 무엇일까?

인간관계 재능 아이들은 사람들에게 관심이 많다. 이 아이들은 친구를 쉽게 사귀는 경향이 있다. 사람들을 잘 이해한다는 것이 그 이유 중 하나이다. 이 아이들은 쇼핑센터에서, 농구 경기장에서, 심지어 수학 수업시간에도 사람 구경을 즐긴다. 물론 교사의 말에 귀 기울이지 않는다면 그런 성향은 학습에 방해가 된다.

인간관계 재능 아이들은 친구를 잘 사귀고, 사람들과 친밀하게 지내고, 사람들을 필요로 할 뿐만 아니라, 신체언어를 잘 읽는다. 이 아이들은 상대방이 화가 났는지, 기쁜지, 슬픈지를 알아차린다. 만일 자녀가 당신이 화난 것이 아니라 염려함을, 지겨워하는 것이 아니라 만족함을 분간할 수 있다면 그건 인간관계 재능이 탁월하기 때문이다.

상대방에게 적절한 반응을 보일 뿐만 아니라 기분, 의향, 바람까지 정확히 분간할 수 있는 아이는 탁월한 재능을 타고난 셈이다. 어떤 인간관계 재능 아이들은 자신의 말을 듣고 있는 상대방의 표정 변화와 신체언어를 봄으로써 그의 반응을 분간할 수 있다고 말한다. 당신의 아들이 그렇게 하는 걸 본 적이 있는가? 예를 들어 아이가 당신에게 어떤 질문을 하는 도중에 슬그머니 질문의 방향을 바꾸는가? 아마 아이는 당신의 반응에서 무엇인가를 파악했을 것이다. 아이는 당신에게서 부정적인 대답이 나오는 것이 싫었고, 그래서 긍정적인 반응을 얻으려는 마음에서 질문을 슬쩍 바꿨을 것이다.

이 능력은 집에서는 물론이고 학교에서도 유익하다. 딸이 인간관계 재능이 뛰어나다면 수업 중에 변하는 교사의 음성과 제스처와 신체언어를 통해 교사가 강조하는 내용을 분간할 수 있을 것이다. 그러면 아이는 무엇을 더 깊이 공부해야 할지 알 것이며 좋은 성적을 거둘 것이다. 아이들의 인간관계 재능을 일부러 개발하려고 노력하는 이유 중 하나도 바로 이 때문이다.

본장 서두에서 언급했듯이, 인간관계 재능 아이들은 다른 사람들과 의논하길 좋아한다. 이것은 하나의 취향일 뿐만 아니라 강점이기도 하다. 이 아이들은 사람들과 함께할 때 더 잘 생각한다. 때로는 자신의 입에서 나오는 말을 듣고 상대방의 반응을 보기 전까지는 어떤 생각이 좋은지 확신하지 못한다. 나도 그렇다. 당신은 어떠한가?

학습법과 교수법

인간관계 재능 아이들은 기분이 고조되면 말을 많이 하기 때문에 교사나 목사나 부모는 이 점을 잘 이해할 필요가 있다. 이 아이들은 수업시간과 같이 조용히 해야 할 때 친구들에게 말을 걸기도 한다. 만일 다른 학생이 말을 걸면 이 아이들은 대화를 시작하거나 적극적인 반응을 보일 것이다. 발견의 기쁨에 대한 자연적 반응이 말로 표출되기도 한다. 이 아이들은 상호관계와 교류를 통해 큰 힘을 얻는다.

언어 재능 아이들과 마찬가지로 인간관계 재능 아이들도 줄곧 말하지 않도록 자제할 필요가 있다. 당신의 아이들이 언어 지능과 인간관계 지능이 뛰어나다면 줄곧 말하고 싶을 것이다. 하지만 그렇게 하도록 내버려둬서는 안 된다. 그 아이들은 자제력, 자기 존중은 물론 다른 사람들을 존중하는 마음을 배워야 한다. 그러나 이런 특성을 고려하지 않고 무작정 조용히 하라고 나무란다면 재능 마비가 나타날 수도 있으니 주의해야 한다.

인간관계 재능 아이들에게 친구들과 협력하거나 소그룹 단위로 과제를 마치게 하는 것은 대체로 매우 효과적이다. 그런 자리에서 이 아이들은 질문을 던지고, 질문에 답하며, 자신의 생각에 대한 반응을 살필 수 있다. 과제를 시작하기 전에 몇 분 동안 함께 브레인스토밍을 하게 하는 것도 효과적인 방법이다. 그 후에 자신의 자리로 돌아가 혼자 작업할 수 있다. 예를 들어 글짓기 과제가 주어질 경우 인간관계 재능 아이들은 아무런 생각이 떠오르지 않을 수 있다. 이 아이들이 몇 분 동안 다른 아이들과 함께 의논하면 글짓기를 시작하는 데 도움이 될 것이다.

인간관계 재능 아이들은 사람들의 속내를 잘 읽기 때문에 역할극이나 드라마 또는 실물 교육을 통해 유익을 얻을 수도 있다. 이 아이들이 이런 일에 직접 참여할 수도 있고, 다른 사람들의 과학 실험 장면을 보고서 몸짓을 섞어 가며 이야기할 수도 있다.

인간관계 재능 아이들은 다른 아이들에 비해 멘토에게 더 잘 배울 수 있다. 그 아이들의 신망을 받는 십대나 어른들이 그들의 태도, 성격, 생각 등에 영향을 미칠 수 있다. 그 아이들이 다양한 직업인들과 만나 보게 할 수도 있다.

인간관계 재능 아이들이 스스로 선택한 주제로 리포트를 써야 할 경우, 그들은 어떤 장소나 사건들보다는 사람들 발명가, 탐험가, 정치가, 구약성경의 위인들 등에 대해 쓸 때 동기 유발을 가장 많이 받을 것이다. 또한 전기문과 자서전도 좋아할 것이다.

인간관계 재능 강점을 갖지 않은 아이들의 경우에는, 안전한 소그룹에 합류할 때 이 지능이 확장되며 개선될 수 있다. 물론 소그룹 선정은 지혜롭게 이뤄져야 한다. 확신에 찬 브레인스토머들이나 머리 회전이 빠른 사람들과 함께 어울리면, 이제 막 개발하기 시작한 인간관계 재능과 자신감이 마비될 수도 있다. 먼저 그 아이들은 자신의 생각을 나누며 점검받는 과정에서 자신감을 얻을 필요가 있다.

당신은 신체언어 읽는 법을 가르쳐서 적절하게 반응하도록 도울 수 있다. 만일 가게에서 당신과 함께 줄을 서서 기다렸던 사람이 낙심했던 게 아니라 걱정했을 뿐임을 당신이 느꼈다면, 어떻게 알 수 있었는지 나중에 자녀에게 알려 주라. 만족과 기쁨과 열망 간의 차이점을, 게으름과 혼란스러움과 두려움 간의 차이점을 어떻게 분간할 수 있는지 가르쳐 주라.

정체성 : 나는 누구인가?

인간관계 재능 아이들은 사람들을 좋아하고 잘 이해하기 때문에 많은 친구들과 사귀는 경향이 있다. 만일 하루 동안 어떻게 지냈는지 묻고 싶으면, 그 아이들과 친한 친구들에 관한 얘기를 들을 준비를 해야 할 것이다. 인간관계 재능 아이들은 수업시간에 무엇을 배우는지보다는 점심을 누구와 먹었는지, 이번 주에 친구들이 무엇을 할 건지에 대해 더 많이 이야기할 수도 있다. 아마 그 아이들은 사람들과 함께 있을 때 가장 활기찰 것이다. 아이들이 자신의 생각을 정확한 말로 표현하기 힘들 수도 있지만, 그런 뜻이 포함되어 있는지 파악하기 위해 귀를 기울일 필요가 있다. 혼자 있을 때보다 사람들과 함께 있을 때 가장 명석하게 생각할 수 있는지를 아이들에게 직접 물어볼 수도 있다. 인간관계 재능 아이들 중에는 당신이 그런 분별력을 가진 데 대해 감명을 받을 아이들이 많다.

인간관계 재능 아이들은 다른 사람들의 동기를 유발하고, 여론을 조성하며, 조정 역할을 잘한다. 그 아이들은 학교의 과제로부터 금요일 밤 특별 예배 콘서트에 이르기까지 다양한 일들에 친구들을 동참시킬 수 있다. 파티를 계획하며 또한 어떤 활동과 음식과 음악이 호평을 받을지를 잘 결정할 수 있다.

인간관계 재능 아이들은 학교나 교회 프로젝트에 필요한 것들을 잘 조달한다. 그 아이들은 사람들을 연구하며 사람들의 마음을 잘 읽는다. 잡지에 응모하길 원하는 사람과 막대사탕을 사올 수 있는 사람이 누군지 알아낼 수 있다. 아울러 최선의 부탁 방법도 알고 있을 것이다.

대부분의 인간관계 재능 아이들에게 있어 가장 큰 어려움은 오랫동안 외부 데이터 없이 지내는 것이다. 대부분 얼마 동안은 혼자 해낼 수 있다. 하지만 사람들과 함께할 때 가장 명석하게 생각하고 자신의 생각에 대해 가장 분명하게 확신할 수 있기 때문에 너무 오랫동안 혼자 있으면 힘들 것이다. 그 아이들이 여러 인터넷 채팅에 참여하고 친구들에게 자주 전화하는 것도 바로 이 때문이다. 또한 그 아이들은 다른 아이들에 비해 부모와 더 많이 이야기를 나누려 할 것이다.

인간관계 재능 아이들은 무시당하는 것을 참기 힘들어 한다. 내 말을 오해하지 않길 바란다. 무시당하는 걸 좋아하는 사람은 없다. 다만 인간관계 재능 아이들은 남들보다 더 힘들어 한다는 것이다.

갈등

이 주제에 대해 가르칠 때 대개 나는 이렇게 질문한다.

"여러분 중에 부모에게 질문했을 때 부정적 대답이 나와야 하는 상황에서 긍정적 대답을 유도한 적이 있는 학생들은 손들어 보세요."

얼마나 손을 들었을 것 같은가? 75% 이상이었다. 그 아이들은 웃는다. 자신을 매우 자랑스럽게 여기는 것 같다. 내가 "그 점을 자랑스럽게 여기지 마세요. 사람의 마음을 읽을 수 있는 큰 재능을 악행에 사용한 걸 부끄러워하세요."라고 하면 그 아이들의 기분이 달라진다.

나는 우리의 강점과 죄악 사이에 밀접한 연관성이 있다고 믿는다. 인간관계 재능 아이들은 동기 부여를 잘한다. 교묘한 조종자 역할도 잘할 수 있다. 이 둘은 동일한 기술을 필요로 한다. 성격이나 인간관계의 차이가 이 같은 차이를 만들어낸다.

교만한 인간관계 재능 아이들은 자신의 인간관계 기술을 이용해 친구 수를 늘리려고 애쓸 수 있다. 또한 자신보다 더 나이 어린 아이들, 베이비시터들, 친구들, 교사들, 그리고 당신마저 조종할 수 있다는 생각에 더욱 교만해질 가능성이 있다.

목적 : 내가 사는 이유는 무엇인가?

하나님 증거하기

인간관계 재능 아이들이 사람들을 조종하기 위해서가 아니라 동기를 유발하고 격려하기 위해 능력을 사용할 때 하나님께서 영광을 받으신다. 그 아이들이 사람들을 해치지 않고 도울 때, 예를 들면 전학 온 친구나 교회에 새로 나온 친구를 환영하며 외로운 아이의 친구가 되어 줄 때 하나님이 기뻐하신다. 그 아이들은 서로 잘 어울리는 사람들을 연결시켜 줄 수 있다. 그룹의 팀워크와 단합을 분석하며 개선시킬 줄 안다. 슬픈 사람을 위로할 줄 알며 실망한 사람의 기운을 북돋워 줄 줄 안다. 다른 사람의 기쁨을 즐기는 모습은 하나님의 성품을 반영한다.

인간관계 재능 아이들이 브레인스토밍 능력을 선용할 때에도 하나님이 영광을 받으신다. 그 아이들은 사람들의 생각을 점검하도록 도와주며, 다른 사람의 정보에 비추어 자신의 생각을 돌아보며, 자신의 생각을 통해 유익을 얻을 사람이 누군지 생각해 알려 줄 수 있다.

다른 지능들에서도 보았듯이, 아이들이 영적 훈련을 통해 신앙적으로 성장할 때에도 하나님이 영광을 받으신다. 인간관계 재능 아이들은 다른 사람들과 함께할 때 가장 잘 생각하므로 여럿이 함께 훈련받는 걸 아주 좋아한다. 그 아이들은 혼자 예배드리거나 혼자 배우는 걸 힘들어 할 수 있다. 분명 그룹 성경 공부를 선호할 것이다. 따라서 그 아이들에게는 혼자서 갖는 경건의 시간보다는 가정 예배가 더 중요할 수 있다. 물론 가정 예배 때 그 아이들에게 말할 기회를 주어야 한다. 그렇지 않으면 몹시 실망할 것이다. 그 아이들이 생각을 나누고 싶어 함을 기억하라.

인간관계 재능 아이들은 철저한 토론을 원하기 때문에, 그 아이들이 숙고한 문제를 놓고 결론을 내릴 때 당신은 그 아이들의 질문에 즉시 응할 필요가 있다. 어떤 아이들은 당신이 다가가 그날 배운 것을 직접 물어보는 걸 좋아할 것이다. 그런가 하면 당신에게 다가오길 원하는 아이들도 있다. 당신이 그 아이들에게 배우길 원한다고 말하면, 아이들은 더욱 진지하게 공부에 임할 것이다.

인간관계 재능 아이들은 사람들의 필요를 잘 분간하는 까닭에 봉사에 마음이 끌릴 수 있다. 그 아이들은 친구가 실망했는지, 우울한지, 화가 났는지 알 수 있으며, 자신이 어떻게 도울 수 있는지도 안다. 또한 직접 물어보지 않아도 어떤 사람이 식사 대접과 식료품과 레스토랑 상품권 중에 어느 것을 더 좋아하는지 알 수 있다. 그 아이들은 많은 사람들을 알기 때문에 자신의 프로젝트를 누가 도와줄 수 있는지 알 것이다. 자신이 속한 그룹의 단합력과 능률을 높이기 위해 자신의 팀워크 기술을 활용할 수 있다.

인간관계 재능 아이들이 동료와 가족에게 복음을 전하는 건 당연한 일일 것이다. 사람들을 연구하며 잘 알기 때문이다. 그 아이들은 복음을 들을 준비가 된 사람이 누군지 분간할 수 있다. 그들은 대화를 영적 방향으로 돌리는 법을, 어떤 복음 전도법을 활용해야 하는지를, 어떤 성경 구절과 사례들을 함께 나눠야 하는지를 본능적으로 알고 있을 것이다. 또한 다른 사람들의 영적 성장을 효과적으로 도울 수 있다. 사람들이 어떤 질문을 가지고 있는지, 다음 주제가 무엇일지, 어떤 영적 훈련이 최선일지를 그 아이들은 예측할 수 있다.

직업

인간관계 재능 아이들은 사람들과 함께하는 직업을 원할 것이다. 나는 강연자라는 직업에 인간관계 재능이 여러 모로 도움이 된다는 걸 알고 있다. 초등학교 2학년 아이들을 가르치거나, 중학생들을 지도하거나, 대학생들을 가르칠 때에도 마찬가지였다. 나는 인간관계 재능이 뛰어나기 때문에 청중이 지겨워하는지 아니면 곰곰이 생각하고 있는지 대체로 분간할 수 있다. 템포를 늦추고 좀더 시간을 끌어야 하는지 아니면 청중에게 익숙한 내용이므로 속도를 높여야 하는지를 분간할 수 있다. 교사들은 인간관계 재능을 개발할 때 가장 효율적일 것이다. 만일 자녀들이 교사가 되길 원한다면 그 아이들의 인간관계 지능을 지금부터 연마하도록 돕는 것이 지혜롭다(물론 이것은 다른 많은 직업들에도 적용된다).

행정관, 목사, 지도적 위치에 있는 여러 사람들이 인간관계 재능을 통해 유익을 얻는다. 인간관계 기술을 통해 함께 일하는 사람들과의 관계를 잘 맺는다. 그들은 사람들에게 무엇이 필요한지를 이해하며, 그들의 요구를 어떻게 만족시킬지 결정할 수 있다.

인간관계 재능과 밀접한 연관이 있는 다른 직업들로는 상담가, 정치가, 변호사, 사회복지사, 복음전도자, 접수계원, 여행사 직원, 광고업자, 인사부장, 토크쇼 진행자, 의사, 간호사, 컨설턴트, 세일즈맨, 경찰관, 리포터, 선교사, 발명가, 웨이터/웨이트리스를 들 수 있다. 이 직업들에서는 신체언어를 읽거나 사람들의 말을 빨리 이해하는 것이 매우 중요하다.

내 친구들 중에는 다재다능한 이들이 많다. 그중 하나인 조지는 발명가이다. 그는 다중지능에 관해 내가 가르친다는 걸 알기에, 발명할 때 어떤 지능들을 주로 활용하는지 그에게 물어보았다. 원래 나는 '발명가'라는 직업을 논리 재능과 연관된 것으로 분류할 생각이었다. 분명 많은 발명가들이 논리 재능 범주에 속하는 기술들을 활용한다. 조지도 마찬가지이다. 하지만 나는 발명이 논리 지능 그 이상을 활용한다는 걸 알고 있었다.

조지는 자신이 어떤 필요를 자각할 때 발명이 시작된다고 말했다. 한번은 "나 스스로 발명품을 곰곰이 생각한다."고 했다. 준비가 되면 자신의 생각을 다른 이들과 함께 나눈다. 그는 이렇게 썼다.

"나는 자아 재능보다는 인간관계 재능을 더 많이 지니고 있어. 그래서 대개 팀을 이루거나 사람들과 의견을 나눌 때 일을 가장 잘 해내지. 어떤 개념들을 내 입으로 말하면 다음 단계들이 자연스럽게 이해되곤 해. 생각들을 내 입으로 말하면 그 내용을 마음속에 정리할 뿐만 아니라 그것을 다듬을 기회를 다른 이들에게 제공할 수도 있어."

나도 조지의 말에 공감한다. 당신도 자신에게서나 자녀를 통해 그런 과정을 경험했을 수 있다. 자녀들이 어떤 개념을 가지고 당신에게 온다. 스스로 확신하지 못하는 듯이 말을 더듬는다. 이 경우에는 조용히 기다리며 귀 기울이라. 한두 마디 질문을 던지며 들은 말을 당신이 재차 언급할 수 있다. 아이들은 자신이 하고 싶은 말을 어떻게 말할지를 생각함과 아울러 새로 떠오르는 생각들을 붙잡으려고 애쓰기도 한다. 그것은 혼란스러울 수 있다. 언젠가는 그 아이들이 인간관계 재능에 뛰어난 발명가가 될 수도 있음을 생각해 보라.

임상 약제사이자 병리학 및 약제학 부교수인 내 동생이 밝힌 바에 의하면, 그 역시 대부분의 작업을 다른 사람들과 함께 일하며 대화하는 과정에서 해낸다고 한다. 그는 자신의 분야에서 주로 혼자 성공적으로 일하는 사람들을 알고 있다. 그들은 다른 사람의 도움을 필요로 하지 않으므로 자신의 능력이 월등하다고 생각할 수도 있지만 사실은 그렇지 않다. 사람들은 누구나 다중지능에 관해 배울 필요가 있다.

발명할 때 내 동생 조지와 나 그리고 다른 많은 사람들은 필요를 간파하고서 혼자 생각하는 시간을 가진다. 자아 재능에 충실한 시간 동안과 그 후에, 우리는 자신에게 말하며 메모하는 언어 재능을 활성화할 수 있다. 그런 후에 면밀한 검토와 결정을 위해 다시금 자아 재능을 활용해 혼자 생각하는 시간을 갖는다. 다른 지능들 중 어떤 것을 활용할지는 고안하는 개념이나 물건들에 달려 있다. 누구나 8가지 재능을 모두 지니고 있으며, 이 재능들은 함께 작용한다.

함께 일하는 팀에는 인간관계 재능이 뛰어난 사람이 포함되는 게 이상적이다. 세 명의 경찰관들이 교통사고에 연루된 사람들을 조사하고 있다고 가정해 보자. 거짓말을 하고 있는 사람을 가장 잘 간파할 수 있는 경찰관은 셋 중에서 인간관계 재능 강점을 가장 많이 지닌 사람일 것이다.

소속 : 누가 나를 원할까?

인간관계 재능 아이들은 대부분 친구들이 많다. 이 아이들은 다른 아이들과 함께 시간을 보내길 원하며, 다양한 분야에 관심을 보인다. 다른 아이들과 함께 어울리기 위해, 운동팀, 토론회와 같은 학구적인 팀, 연감 제작이나 학생회와 같은 사역팀, 합창단과 밴드 같은 음악 그룹에 가입할 수 있다. 또한 이 아이들은 다른 아이들이 함께 점심을 먹거나 옆자리에 앉길 원하는 인기 학생일 수도 있다.

앞에서도 언급했듯이, 자녀가 어느 재능에 강점을 지니고 있는지 결정할 때는 폭넓게 검토해야 한다. 비록 앞의 내용에 해당하지 않더라도 당신의 자녀는 인간관계 재능이 탁월할 수 있다. 어떻게 그럴 수 있을까? 그 이유는 최소한 두 가지이다.

첫째, 인간관계 재능 아이들도 내성적일 수 있다. 이런 아이들은 자신의 내면세계로 향하기 쉽다. 그들은 조용하고 생각이 깊다. 연구 결과에 의하면, 그들의 뇌는 외향적인 사람들의 뇌와 다르게 작동한다.[1] 그들은 사람들과 함께 있으면 피곤해지며 혼자 있을 때 힘이 난다. 그들의 내성적인 성격이 인간관계 재능 강점을 감출 때도 있다.

둘째, 인간관계 재능과 자아 재능이 모두 탁월할 수 있다. 다음 장에서 보다 충분히 설명하겠지만, 자아 재능 아이들은 자신의 내면을 깊이 생각하며 프라이버시를 중요시한다. 함께 생각할 사람을 필요로 하지 않는다. 따라서 이 두 가지 강점을 지닌 아이들은 자아 재능보다 인간관계 재능을 더 많이 지닌 아이들에 비해 친구들이 적다. 또한 만일 인간관계 재능과 자아 재능 두 가지 강점을 지녔지만 특정 상황에

---

[1] 내성적인 사람과 외향적인 사람의 뇌가 어떻게 다른지 보고 싶다면, *The Introvert Advantage: How to Thrive in an Extrovert World* by Marti Olsen Laney, Psy.D (New York: Workman, 2002)을 참조하라. 래니는 '내성적인 사람'이라는 용어가 어떻게 오용되거나 오해되는지 설명하고, 내향성을 강점으로 전환시켜 활용할 수 있는 전략들을 제시한다.

서 자아 재능이 가장 두드러지게 나타난다면 인간관계 재능 강점이 없는 것처럼 보일 수 있다. 하지만 사실은 그렇지 않다.

내가 파악한 어떤 패턴에 의하면, 학교에서 인간관계 재능 면에서 뛰어난 모습을 보이는 아이들이 집에서는 자아 재능에 충실하다. 어떤 아이들은 이 사실을 다음과 같이 묘사했다.

- "난 아이들과 함께 생각하며 함께 행동하느라고 피곤해요. 그래서 집에서는 혼자 있는 시간이 필요해요."
- "나는 사람들이 지겨워요. 그래서 부모님에게 사근사근 대하려면 좀 쉴 필요가 있어요."
- "학교에서 나는 사람들의 호감을 사느라고 지칠 때가 있어요. 그러니 집에서는 잠시 그런 것들을 무시하고 싶어요."

그 아이의 부모는 교사와 대화를 나눌 때 다른 아이에 대해 이야기하고 있는 줄로 생각할 때가 있다. 이것은 놀라운 사실이 아니다.

인간관계 재능 아이들은 대개 친구를 지혜롭게 고른다. 다른 아이들에 비해 그 아이들은 누가 자신을 좋아할지, 자신이 누구를 좋아할지, 자신에게 좋은 친구가 누구인지 잘 분간한다. 다른 아이들이 그 아이들을 택하는 것은 그들의 자연스런 리더십과 자발적인 호의 때문일 수 있다. 이 때문에 인간관계 재능 아이들이 상처를 입거나 고민이 많은 아이들과 친해지기도 한다. 인간관계 재능 아이들이 논리 재능 강점도 지니고 있다면 특히 그럴 것이다. 이들 두 가지가 결합해 문제 해결 능력을 고조시키며, 문제를 지닌 친구들에게 더욱 이끌리게 만든다.

안타깝게도 인간관계 재능 아이들이 친구를 고르기 위해 사용하는 능력이 불건전한 목적에 사용될 수도 있다. 예를 들어 당신의 인간관계 재능 아들이 속임수를 쓰려고 마음먹을 경우, 누구에게 도움을 구해야 할지를 알 것이다. 사람들을 관찰하는 일에 능숙하므로 발각되지 않고 속일 줄 아는 사람이 누군지 알고 있을 것이다. 누구에게 도움을 구할지 정한 후, 그 아이는 상대방이 요청을 순순히 받아들이게끔 접근할 것이다. 이처럼 오도된 능력을 여실히 보여 주는 부류가 바로 폭력단 두목들이다. 그들은 누구를 폭력단에 가입시켜야 할지, 누구를 공격 대상으로 삼아야 할지를 알고 있다. 그 때문에 두목이 된다. 강점을 악의 도구로 사용한다는 건 서글픈 일이다.

숨기고 싶은 비밀이 있는 경우에도 갈등이 생길 수 있다. 예를 들어 나는 학대당하고 있는 아이들과 이야기할 때가 더러 있다. 그들은 아무에게도 자신의 처지가 알려지지 않길 원했기 때문에 '스스로 눈치챌 것 같은' 사람들을 만나기 싫다고 했다.

하나님과의 연결

어떤 인간관계 재능 아이들은 하나님보다 예수 그리스도께 더 이끌린다. 이는 예수님이 더 친근하게 느껴지기 때문이다. 또한 그 아이들은 사람들과 교류하시는 하나님에 관한 가르침을 좋아할 것이다. 예를 들면 그 아이들에게 닥친 시험들 중 예수님에게 닥치지 않은 것이 하나도 없다는 사실을 알고서 감사할 것이며히 4:15, 하나님이 먼저 그들을 사랑하셨기 때문에 그들도 다른 사람들을 사랑할 수 있다는 사실을 좋아할 것이다요일 4:19. 또한 그들의 강점 중 하나가 다른 사람들을 아는 것이므로, 하나님이 그들을 친밀하게 아신다는 사실을 기뻐할 것이다사 43:1; 시 139편; 마 6:8; 요 10:14.

인간관계 재능 아이들은 자신의 생각을 나눌 수 있는 그룹 활동에 끌린다. 그 아이들의 다른 지능들과 성격과 경험들이 어떤 유형의 그룹이 그들에게 가장 적합한지에 영향을 미칠 수 있다.

그 아이들은 여름 캠프, 청소년 그룹, 주일학교, 가정 예배, 일대일 멘토링 시간에 하나님께 잘 연결될 수 있다. 특히 예배 후에 자신이 깨달은 내용을 부모와 함께 나눌 경우 예배 시간에 더 많이 집중할 것이다. 예를 들어 내가 아는 한 학생은 주일 오후마다 함께 토론하며 질문에 대답하겠다고 하는 부모의 말을 들은 이후로 목사님의 설교에 더욱 귀를 기울인다.

자녀가 인간관계 재능이 강점인 경우 토론 시간은 부모와 자녀 간의 유대감을 더욱 풍성하게 해준다.

안전 : 내가 누구를 신뢰할 수 있을까?

신뢰 대상

사람들의 마음을 잘 읽을 수 있다는 것은 강력한 힘으로 느껴질 수 있다. 사실 그것은 강력할 수 있다. 인간관계 재능 아이들은 이 힘과 느낌에 의존할 수 있다. 사람들과 잘 지냄으로써 얻는 인기를 하나님보다 더 신뢰할 때 이 인기가 오히려 아이들의 발목을 잡을 것이다. 혼자 있거나 사람들에게 실수했을 때 이 아이들은 공허감과 불안을 느낄 것이다.

부모에 대한 신뢰

인간관계 재능 아이들은 이모저모로 두루 생각할 때 가장 흡족한 결론을 내린다. 따라서 그 아이들의 신뢰를 얻으려면, 그들 '에게' 얘기하기보다 그들과 '함께' 얘기하라. 이런 대화 중에 인과적 사고와 상식 있는 논의가 이뤄진다. 질문을 던지고 질문에 답하며 그 아이들의 생각에 대한 견해를 피력하라. 만일 아이들이 스스로 참신한 결론에 도달하면 같은 말을 당신에게 들었을 때보다 더 잘 실행할 것이다.

식구들 중 누군가가 아이디어를 제시할 때, 인간관계 재능 자녀에게 "넌 어떻게 생각하니?" 하고 물어보는 것이 바람직하다. 물론 그 아이가 자신의 생각이 당신에게 늘 영향을 미칠 거라고는 생각하지 않는 성숙함을 갖춰야 한다. 아울러 그 아이들은 사람들의 의견에 몹시 민감하므로 "네 친구들은 어떻게 생각할까?"라는 질문도 효과적일 수 있다.

인간관계 재능 아이들은 위선적인 부모를 신뢰하지 않을 것이다. 이는 다른 아이들은 그렇지 않다는 뜻이 아니다. 인간관계 재능이 뛰어난 아이들은 상대방의 위선을 더 쉽게 알아챈다. 당신의 신체언어가 말만큼이나 중요하다는 점을 기억할 필요가 있다. 만일 당신이 "사랑해."라고 말하면서 당신의 신체언어나 시선 회피가 무관심을 드러낸다면, 당신의 자녀는 어떤 것을 믿어야 할지 혼란스러워 할 것이다.

하나님에 대한 신뢰

하나님은 인간관계 재능에 너무나 특출하신 분이다. 인간관계 재능 아이들이 창조주와 자신 간에 공통적인 면이 있음을 자각할 때 그분께 대한 신뢰심이 깊어질 것이다. 예를 들어 예수님은 잃어버린 자들, 바리새인들, 제자들을 각각 다르게 대하셨다. 각 유형의 사람들에게 어떻게 대하는 것이 최선인지를 아셨다. 인간관계 재능 아이들도 그렇게 할 줄 안다.

하나님이 사람들 각자를 아시며 소중히 여기신다는 사실을 자녀들에게 이해시키라 시 27:10, 139편; 사 43:1; 요 15:15. 또 다른 핵심 진리는 우리도 그분을 알 수 있다는 것이다 요 10:14-15, 17:3; 빌 3:8; 요일 4:7, 5:20.

능력과 흥미

당신과 당신의 자녀들은 인간관계 재능과 관련해 공통점이 있는가? 아래 도표를 활용해 당신의 인간관계와 과거 및 현재의 경험들을 돌아보라. 가족 구성원들 모두를 이 도표에 표시하면 장래 계획을 수립하는 데에도 도움이 될 것이다.

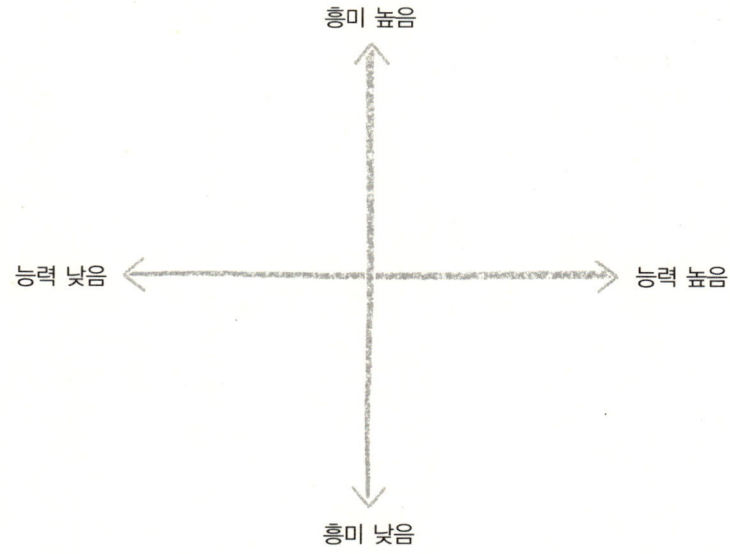

HOW AM I SMART?

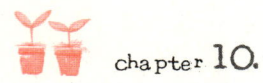
chapter 10.
깊이 생각하는 아이

자아 자능

"캐럴, 제이크가 너무 조용하던데. 괜찮은가?"

"응, 리자. 걔는 괜찮아. 그 아이는 남과 잘 어울리지 않고 혼자 깊이 생각하는 스타일일 뿐이야."

"친구들은 있어?"

"물론 있지. 그러나 친구들이 없어도 된다고 말해. 아이들과 놀 때 즐거워하지만, 혼자 있을 때에도 매우 만족해."

"우리 아들도 좀 그랬으면 좋겠어. 너도 알겠지만 그 아이는 혼자 있질 못해!"

"제이크는 혼자 있는 걸 편안해해. 심지어 아기 때에도 그랬지. 그 아이는 혼자서 잘 놀고 공부도 혼자서 잘해. 자기 생각에 대해 생각하는 걸 좋아한다고 말하더라고. 솔직히 제이크를 이해하기 힘들 때도 있어. 나도 생각을 많이 할 때가 있지만, 무엇인가를 생각하면서 가만히 앉아 있진 못하거든."

"맞아! 나 역시 제이크와는 달라. 우리 아들 쪽에 더 가깝지. 나는 일을 같이 하고 대화도 함께 나눌 사람들이 주위에 있는 게 좋아. 혼자 있으면 편하지가 않아."

"제이크가 점점 자라면서 중요한 사실을 보곤 해. 제법 깊이 있는 말을 한단 말이야. 어제 저녁 식사 때 우리는 여러 가지 사랑에 대해 얘기를 나누고 있었어. 거의 말이 없던 제이크가 가장 멋진 결론을 내렸지 뭐야. 우리 얘기를 하나도 놓치지 않고 들으면서 곰곰이 생각하고 있었던 게 분명해."

당신의 자녀는 어느 쪽인가? 인간관계 재능과 자아 재능 중에서 어느 쪽이 더 탁월한가?

역량 : 내가 잘하는 건 무엇일까?

자아 재능 아이들은 자신의 내면을 깊이 생각한다. 따라서 생각이 더딘 사람처럼 보일 수 있다. 깊게 알려는 바람 때문에 시간이 걸린다. 해당 주제의 어떤 측면도 놓치고 싶지 않기 때문에 대개 자신의 생각을 말하기 전에 깊이 생각한다. 만일 빨리 얘기하라며 닦달하거나 이 아이들의 '더딤'을 얕보면 재능이 마비될 수 있다. 아이들이 아예 생각을 중단할 수도 있다.

  자신에게 너무 많은 시간을 할애한다는 이유로 '이기적'이라는 비난을 받아 재능이 마비되지만 않는다면, 자아 재능 아이들은 자신에 대해 잘 알게 된다. 자신의 강점과 약점, 자신을 화나게 하는 것과 차분하게 만드는 것을 안다. 자신의 관심을 끄는 것, 자신이 관심을 두지 않는 것, 좋아하는 것, 좋아하지 않는 것, 바라는 것, 자신이 필요로 하는 것을 안다. 자신의 삶을 인도하고 풍요롭게 하는 자기 이해를 활용할 줄 안다.

  많은 자아 재능 아이들은 자신의 과거를 돌아보고 현재를 분석하며 미래를 예측한다. 그 결과 목표를 효과적으로 설정한다. 자아 재능 아이들은 자신이 무엇을 왜 믿는지 알기 때문에 대개 신념을 위해 인내할 수 있다. 그들은 어떤 형태로든(주로 뒷전에서) 행동을 취할 수도 있고, 친구들과 이야기하는 데서 그칠 수도 있다. 자신의 확신과 의견을 더욱 공고히 할 것인지의 여부는 인간관계 지능이나 논리 지능 면에서 강점이 있느냐에 달려 있다. 지능들은 별개로 작용하지 않는다. 인간관계 지능과 논리 지능 면에서 강점을 지닌 자아 재능 아이들은 자신의 신념을 다른 이들에게 확신시킬 수 있다.

  자아 재능 아이들은 조용히 독립적으로 일하거나 생각한다. 자신의 생각과 느낌을 혼자서 가만히 즐기는 아이들이 많다. 자신에게 알려줄 사람을 필요로 하지 않으며, 자신이 아는 것을 다른 사람들에게 굳이 말할 필요도 없다. 이런 면에서 자아 재능 아이들과 인간관계 재능 아이들은 정반대이다.

학습법과 교수법

학교에서 어려움을 겪는 자아 재능 아이들이 있다. 교사가 대답이나 의견 발표를 요구해도 반응을 보이지 않는 경우가 더러 있기 때문이다. 이런 아이들은 자신의 이해에 도움이 되지 않더라도 교사의 질문에 적극적으로 대답하려고 노력할 필요가 있다. 자아 재능이 강한 아이들은 자신이 아는 것으로 만족하고 다른 사람들에게 알려 주는 걸 중요시하지 않는다. 당신은 자아 재능 자녀에게 교사의 질문에 적극적으로 대답하라고 가르쳐야 한다. 그렇게 하지 않으면 그 아이들의 진짜 능력이나 지식이 성적에 반영되지 못할 수도 있다.

자아 재능 아이들은 종종 깊고 넓은 사고 덕분에 탁월한 통찰을 보여 준다. 만일 그 아이들이 다른 사람들에게 얼마나 큰 유익을 미칠 수 있는지 알게 된다면 자신의 생각을 기꺼이 발표할 것이다.

아이들은 자신의 생각을 사람들과 자주 나눌 필요가 있다. 학급 토론에 참석하며, 그룹 활동에 참여하고, 자신이 생각하고 있는 내용을 발표해야 한다. 이런 일들이 자아 재능 아이들에게는 스트레스가 된다. 이 아이들은 혼자 공부하는 걸 좋아하기 때문에 당신의 접근이 문제가 될 수 있다. 그 아이들에게 있어 '간섭'은 학교 생활이나 학습을 힘들게 하는 주요 스트레스 요인일 수 있다.

자아 재능 아이들은 채점을 불쾌하게 여긴다. 자신의 생각을 평가받는 걸 싫어하기 때문이다.

자아 재능 아이들은 조용하며 교사들과의 대화를 힘들어 한다. 따라서 교사들은 그 아이들을 잘 알지 못할 수 있다. 그럼에도 불구하고 그 아이들을 알려고 노력해야 한다. 자아 재능 아이들을 잘 이해하지 못하는 교사는 그 아이들을 나쁘게 평가할 수 있다. 자녀가 자아 재능 아이라면 당신이 자녀를 위해 개입할 수 있다. 교사가 아이의 자아 재능 강점과 문제점들을 이해할 수 있도록 도와주라.

자아 재능 아이들이 자신의 생각을 정리하고 토론에 응하기까지는 다른 아이들에 비해 시간이 더 걸릴 것이다. 교사는 그 아이들에게 생각할 시간을 충분히 줄 수 있다. 예를 들어 내일 수업에서 네 번째에 발표하라는 식으로 미리 알려 줄 수 있다. 이 같은 배려는 아이들을 존중함을 보여 주며 자신감을 높여 준다. 토론도 더욱 원활해진다.

가능한 한 주제들을 자아 재능 아이들의 개인 생활과 연결시키라. 학습 내용을 자신의 생활과 연결시켜 생각하는 것이 이 아이들의 사유 방식이기 때문이다. 아이들의 숙제를 살펴보고 그 주제들이 그들의 생활과 무슨 관련이 있는지, 장래에는 어떨지 알아내도록 도와주라. 개인적 유익과 무관한 걸로 믿어지는 활동들에는 자아 재능 아이들이 동참하길 망설일 것이다. 그 아이들은 학교에서나 일상 생활 중에 종종 "이것이 나와 무슨 상관이 있을까?" 하고 묻는다.

자아 재능 아이들은 선택을 좋아한다. 예를 들어 열 문제 중 어느 것을 먼저 풀 것인가, 다음 리포트를 위해 전기문과 추리 소설 중 어떤 것을 읽을 것인가에 대한 선택들이다. 물론 선택할 수 있다는 건 특권이다. 만일 아이들이 자신의 선택에 대해 불평하거나 시간을 너무 많이 끌면 그 특권을 잃어버릴 수 있다고 말해 주라. 그런 후에 어떻게 할지를 구체적으로 일러주라.

자아 재능 아이들은 개인적으로 자유롭게 할 수 있는 과제와 개별적인 지시를 통해서도 유익을 얻을 것이다. 이 경우에는 자신의 기분에 충실할 수 있는 기회가 주어지는 셈이다.

자아 재능이 별로 뛰어나지 않은 아이들은 잘 생각하기 위해 다른 사람의 정보를 필요로 할 것이다. 종종 이 아이들은 자신의 결론을 부모나 형제자매나 교사나 친구들과 함께 나누길 원할 것이다. 개인적으로 숙고해 대답할 질문들을 제시해 주면 자아 재능적 사고 능력을 개발하는 데 도움이 될 수 있다. 자아 재능이 뛰어난 아이는 자신에게 어떤 질문을 던질지 알지만, 이 강점을 이제 개발하는 아이는 안내가 필요하다. 당신이 여러 가지 질문을 먼저 제시해 줄 수 있다. 점차 질문 수를 줄이면서 스스로 생각하게 하면 된다. 아이들은 자신의 결론을 개인적으로 숙고하면서 앎의 기쁨을 맛볼 것이다. 자신의 생각에 깊이 빠져드는 것은 힘들 수도 있지만 매우 유익하다.

정체성 : 나는 누구인가?

자신을 잘 아는 것이 자아 재능 아이들의 강점이므로 자신을 묘사해 보라는 말을 들으면 그 아이들이 잠시 동안은 설명할 수 있다. 하지만 (인간관계 재능 강점을 지니고 있지 않는 한) 다른 사람들에게 자신을 알리는 것을 중요시하지 않기 때문에 많은 얘기를 하지는 않을 것이다. 계속 얘기하면 이 아이들은 오히려 불안해질 수 있다.

자아 재능 아이들은 자신을 가리켜 혼자 있고 싶은 사람, 생각이 깊은 사람, 차분하고 빈틈이 없으며 주의 깊은 사람으로 묘사한다. 프라이버시와 조용한 시간과 공간을 좋아한다는 걸 인정한다. 앞에서도 언급했듯이, 자녀를 자아 재능이 뛰어난 아이로 판단하기 전에 이 강점과 비슷해 보이는 여러 가지 패턴을 두루 파악해야 한다. 예를 들어 내성적인 아이들도 혼자 있길 좋아한다. 무시와 학대를 당하거나 정서적으로 상처를 입은 아이들도 혼자 있길 좋아하는 것처럼 행동할 수 있다. 하지만 그렇다고 해서 그 아이들의 자아 재능이 반드시 뛰어난 것은 아니다. 그 아이들은 혼자서 깊이 생각하지 않으며, 학습을 자신의 삶과 자동적으로 연결시키지 않는다.

자아 재능 아이들은 자신의 생각과 자신을 분리하기 힘들기 때문에, 어떤 신념을 갖게 된 경위를 간단히 묻는 질문에 필요 이상으로 장황하게 설명할 수도 있다. 성적 평가가 스트레스로 작용하는 것도 자신을 자신의 생각으로부터 분리하기 힘들기 때문이다. 자아 재능 아이들의 정체성은 그 아이들의 지식과 밀접한 연관을 맺고 있다. 자신의 지식이 평가받을 때, 그 아이들은 한 인간으로서 평가받는 걸로 느낀다. 그 아이들의 전인적인 정체성을 일깨워 줌으로써 자신이 관념 그 이상의 존재임을 믿도록 도울 수 있다.

자아 재능 아이들은 자신의 시간이 허비될 때 지루해지거나 화가 날 것이다. 또한 자신이 깊이 생각하고 싶은 일에 대해 누구도 관심을 두지 않는 듯할 때에도 실망할 수 있다. 자신이 깊이 생각하는 문제를 다른 아이들은 그저 재미로 여기는 것이 거북스럽다고 말했던 아이들이 많다. 그 아이들은 우스갯거리가 되고 싶지 않지만, 그렇게 된 듯한 느낌을 받을 때가 더러 있다. 논리 재능 강점도 지녔을 경우에는 더욱 그럴 수 있다.

갈등

자아 재능 아이들은 매우 독자적이며 혼자 있는 걸 만족스러워할 때가 많다. 따라서 자기중심적인 모습을 보일 수 있다. 어떤 아이들은 매사를 자기 위주로만 생각하기도 한다.

자신의 생각과 그것을 설명할 수 있는 능력을 과신하는 교만은 자아 재능 아이들이 경계해야 할 죄악이다. 또한 이 아이들은 자신의 생각이 다른 누구의 생각보다 중요하다고 믿을 수 있다. 이것은 논리 재능 아이들의 성향이기도 하기 때문에, 만일 당신의 자아 재능 자녀가 논리 재능 면에서도 뛰어나다면 그런 성향을 막기 위한 경계와 대화와 기도가 특히 중요하다.

자아 재능 아이들은 다른 사람들의 생각에 마음을 열기가 힘들다. 그저 자신이 아는 것으로 만족한다. 더욱이 다른 개념들에 대해 생각할 시간적 여유를 갖기 전까지는, 목사나 교사를 통해 듣든 교과서를 통해 접하든, 그것들에 대해 회의적 경향이 있다. 어떤 아이들은 자신이 가르침 받기 힘든 사람이라는 걸 인정한다. 실제로는 그렇지 않지만 그런 것처럼 행동한다고 말하는 아이들도 있다. (자아 재능 아이들은 내 강연을 듣기 전까지는 자신이 가르침을 잘 받아들이지 못하는 이유를 이해하지 못했다. 내 강연은 그 아이들이 자신의 강점과 그것과 결부된 잘못을 발견하게 도와준다. 그래서 죄책감에서 벗어나 변화를 시도하는 아이들이 많다.)

많은 자아 재능 아이들이 자기 훈련을 소중히 여긴다. 그 아이들은 자신을 위해 높은 기준을 설정한다. 실수를 범하거나 일을 그르칠 경우에는 자신에 대해 매우 엄해질 수 있다. 비판적 태도가 혼자 있길 좋아하고 다른 사람의 정보를 구하지 않으려는 성향과 결합하면 절망감과 두려움을 야기할 수 있다.

목적 : 내가 사는 이유는 무엇인가?

하나님 증거하기

자아 재능 아이들은 어떻게 하나님께 영광을 돌릴까? 어떻게 그분을 드러낼까? 한 가지 방법은 자신에게 진실해지는 것이다. 그 아이들은 자신을 잘 알기 때문에 하나님의 의도에 맞는 사람이 될 수 있다. 누구든지 하나님의 뜻대로 행할 때 그분이 영광을 받으신다.

자아 재능 아이들은 자신의 자연적 능력과 영적 은사와 성격과 취향을 비교적 잘 안다. 그리스도께 대한 믿음을 통해, 그 아이들은 이 능력들이 자신을 기쁘게 하기 위해서가 아니라 다른 사람들을 섬기기 위해 주어진 것임을 안다. 이것은 그리스도를 믿는 자아 재능 아이들의 가장 큰 강점 중 하나이다. 믿음을 통해 이 아이들은 자신을 넘어 다른 사람들에게 관심을 기울인다. 자아 재능 아이들이 다른 사람들을 유익하게 하기 위해 자신의 재능과 지능과 기술을 활용할 때 하나님이 영광을 받으신다.

다른 지능들의 경우에서와 같이, 영적 훈련 방식에 대한 자아 재능 아이들의 태도는 부분적으로 자신의 영적 성숙도에 의존할 것이다. 공동 훈련을 받아야 한다는 느낌이 들면 이 아이들은 힘들어 할 수도 있다. 예를 들어 개인적으로는 기도의 용사일 수 있으나, 공적 기도에 대해서는 마음이 불편해질 수 있다.

자아 재능 아이들은 자신의 내면으로 깊이 들어갈 수 있기 때문에 예배 중에 하나님의 임재 속으로 깊이 들어갈 수 있다. 주의 산만한 요인들을 차단하고 하나님이 말씀하시는 것에 집중할 수 있다.

자아 재능 아이들은 대개 가정 예배보다는 개인 경건의 시간QT에 성경이나 신앙 서적을 공부하는 걸 더 좋아한다(하지만 원하는 성경 말씀이나 서적을 찾지 못할 경우에는 심란해질 것이다). 또한 자신의 생각과 기도 내용을 메모해 두는 걸 좋아한다. 침묵과 묵상 훈련도 좋아한다. 배운 내용을 삶에 쉽게 적용할 줄도 안다.

자아 재능 아이들은 깊이 생각하며 자신의 생각, 느낌, 행동을 뚜렷이 자각하기 때문에 자신의 죄를 얼버무리지 않는다. 자백과 회개를 통해 하나님께 영광 돌린다. 그래서 전체 교회에 유익을 끼친다. 특히 인간관계 재능 강점도 지녔을 경우에는 다른 사람들에게 동기를 부여하며 조력자가 되어 하나님을 섬길 수 있다.

직업

자아 재능 아이들이 어떤 직업을 선호할지 이미 짐작했을 것이다. 당연히 혼자 할 수 있는 일들이다. 그러나 다른 지능적 강점들에 따라, 적어도 하루 중의 일부나 한 주간의 일부 동안만이라도 사람들과 어울리길 원할 수 있다. 예를 들어 대부분의 시간을 혼자 보낼 수 있기 때문에 세일즈나 연구에 흥미를 느낄 수 있지만, 필요하면 다른 사람들과 교류할 수도 있다.

자영업도 탁월한 선택이다. 그들은 제품 판매나 사람들이 자신의 생각에 관심을 갖게 만드는 법을 이해하기 위해 인간관계 재능도 필요로 할 것이다. 성공적인 기업가도 될 수 있다. 정교한 기술을 요하는 직업이나, 사설탐정, 시인, 작가가 될 수도 있다.

　자아 재능 아이들은 자신의 생각과 감정에 깊이 몰두하므로, 그 생각과 감정으로 사람들을 도울 수 있다. 인간관계 재능 아이들처럼 목사, 상담자, 사회사업가, 교사, 임상의사가 될 수 있다(성공하기 위해서는 자신감과 안전감을 갖춰야 한다). 미래에 대해 생각하는 걸 좋아하므로 생활지도 상담자나 개인 트레이너가 되는 것도 좋은 선택일 것이다.

소속 : 누가 나를 원할까?

　자아 재능 아이들 중 상당수가 수줍음 많고 조용하다. 여러 사람들 속에 있거나 새로운 또래들과 있을 때는 특히 그렇다. 그래서 누구와도 교류할 필요가 없는 것처럼 보일 수 있다. 하지만 사실은 그렇지 않다. 사람은 다 다른 사람들과의 공감과 교류를 바라는 욕구를 갖고 태어난다. 자아 재능 아이들은 그것을 강하게 표현하지 않을 뿐이다.

　이 아이들이 "책에서 눈 좀 떼라." "너 또 이기심이 발동하는구나." "넌 같이 놀 친구도 없니?" "넌 정말 외톨이구나!" 같은 말들을 줄곧 들으면 자아 재능이 마비될 수 있다. 이 부정적인 지적들을 믿기 시작할 수 있기 때문이다.

　자아 재능 아이들은 다른 사람들을 생각하기 전에 자신과 자신의 견해에 대해 먼저 생각한다. 또한 혼자 있는 걸 좋아한다. 가족과 친구들의 우려의 목소리에 죄책감을 느끼기도 한다. 불과 몇 주 전 어느 미션스쿨에 초청받았을 때, "JOY-Jesus, Others, Yourself"라는 전통적인 문구를 새긴 포스터들이 눈에 띄었다. 이 같은 기독교적 메시지들이 자아 재능 아이들을 불편하게 만들 수 있다. 그 아이들은 '자신'을 맨 앞에 두지 않을 수 없다. 하지만 그렇다고 해서 자아 재능이 뛰어난 것이지 반드시 이기적이거나 교만한 것은 아니다.

대부분의 자아 재능 아이들은 한두 명의 친구들과 어울릴 때 가장 마음이 편할 것이다. 자신처럼 조용하고 생각이 깊은 친구들을 선호할 수도 있다. 어떤 아이들은 잠시 인간관계 재능 친구들과 즐겁게 어울리기도 한다. 대조적인 성격에서 활력을 느끼기 때문이다.

자아 재능 아이들은 혼자 할 수 있는 운동이나 활동을 통해 소속 욕구를 채울 수 있다. 이 아이들은 배구, 농구, 축구보다는 크로스컨트리, 테니스, 수영에 더 끌린다. 학교 연감을 위해 사진을 찍거나 청소년 수련회 안내 전단지를 붙이는 일도 좋아할 수 있다.

자아 재능 아이들은 자신에 대해 잘 알기 때문에 대개 어리석은 실수를 하지 않는다. 실수가 잦거나 인생관이 불확실한 아이들에게는 이런 특성이 매우 매력적일 수 있다. 또한 자아 재능 아이들은 다른 아이들이 자신의 강점을 찾도록 도울 수 있다. 목표를 제대로 설정하고 그 목표에 도달하기 위한 계획을 세우는 것도 도울 수 있다. 이런 일은 자기 성찰 지능을 일깨우며 강화시킬 것이다.

자아 재능 아이들은 자신이 무엇을 아는지 알며 개념들을 주의 깊게 생각하길 좋아하기 때문에 대개 또래 친구들의 압박을 잘 견딜 수 있다. 이것 역시 친구들의 마음을 끄는 강점이다.

자아 재능 아이들이 인간관계에서 겪는 갈등은 어떤 것일까? '긴장'이라는 말이 언뜻 떠오른다. 그 아이들은 자신의 강점에도 불구하고 인간관계 재능 친구들이나 외향적인 아이들을 대할 때 긴장하고 불안감을 느낄 수 있다. 너무 심각하게 생각하는 태도가 또래 친구들을 멀어지게 할 수도 있다.

또한 자아 재능 아이들은 어떤 주제를 자신의 삶과 연결시키고자 한다. 어떤 그룹이나 가족과 있을 때 토론 주제를 자신과 연관시킬 수 없으면 발을 뺀다. 몸은 함께 있지만 마음은 딴 데 있는 것이다.

하나님과의 연결

자아 재능 아이들과 나눴던 대화에 근거해 볼 때, 나는 그들 중에 하나님과 깊이 교류하는 아이들이 많다고 생각한다. 당신은 자아 재능 자녀에게서 그런 면을 보지 못했을 수도 있다. 그 아이들이 속내를 밝히지 않았기 때문이다.

자아 재능 아이들에게 있어 하나님과의 친교는 은밀할 수 있다. 당신의 자녀가 하나님에 관해 이야기하지 않는다고 해서 그 아이가 하나님을 중요하게 여기지 않는다고 생각하지는 말라. 여러 가지 패턴을 고려하라. 만일 자아 재능 자녀가 여러 인간관계들에 대해 말하지 않는다면, 그래서 그 아이의 친구들에 대해 알기가 힘들다면, 하나님과의 관계도 그런 식인 데 대해 놀랄 필요가 없을 것이다.

적절한 때에 적절한 분위기에서 그 아이가 하나님에 관해 이야기할 것이라고 기대해 볼 수 있다. 일기를 주고받는 방법도 생각해 볼 수 있다. 일기는 대화에 비해 은밀하며 간섭이 덜한 느낌을 주기 때문이다. 이 방법에 성공하려면 서로 허심탄회하며 솔직해질 필요가 있다. 그리고 결국에는 얼굴을 마주보며 즐겁게 대화를 나누는 방향으로 나아가야 한다.

자아 재능 아이들은 하나님에 관해 들은 내용을 개인적으로 묵상함으로써 그분과 잘 교류할 것이다 딤후 2:7. 교회에서 집으로 돌아가는 차 안에서 아이가 토론에 참여하지 않는 것도 바로 이 때문일 수 있다. 자아 재능 아이들은 교회 예배, 주중 프로그램, 주일학교, 가정 예배 동안에 주의를 기울이며, 그런 후에 혼자서 조용히 자신의 생각을 숙고한다. 깊은 숙고는 그 아이들의 강점이다 시 63:6, 105:5, 119:27.

자아 재능 아이들은 침대에 누워서, 잔디를 깎으면서, 이부자리를 펴면서, 조깅하면서 숙고할 수도 있다. 숙고는 종종 자기 반성으로 이어진다. 자기 반성은 뒤따르는 회개, 용서, 기쁨, 감사와 더불어 하나님과의 교류를 깊어지게 하는 도구 역할을 한다.

안전 : 내가 누구를 신뢰할 수 있을까?

신뢰 대상

안타깝게도 다른 지능적 강점을 지닌 아이들처럼, 자아 재능 아이들도 엉뚱한 것들을 의지하려는 유혹을 받을 수 있다. 이 아이들에게는 자신의 개념들이 너무나 중요하므로 그것들을 의지할 수 있다. 자신의 지식과 자기 이해가 안전을 지켜줄 거라고 생각할 수 있다.

자아 재능 아이들의 독립심은 어떤가? 이들은 자기 혼자 해내는 일처리 능력을 과신할 수 있다. 때로는 자신의 프라이버시와 혼자만의 시간과 비밀들을 자랑스럽게 여긴다. 독립심이 그릇된 건 절대 아니지만, 그것에 지나치게 의존할 수가 있다. 자아 재능 아이들이 자신의 독립심 때문에 성공을 거둔다고 믿는 것은 건전하지 못하다.

부모에 대한 신뢰

자아 재능 자녀의 신뢰를 받고 싶다면 그 아이를 알 필요가 있다. 이 일은 힘들 수 있다. 아이가 속내를 별로 드러내지 않는 경우도 더러 있기 때문이다. 그럼에도 불구하고 이는 매우 중요한 일이다. 아이의 마음을 열 수 있는 얘기를 꺼낼 수 있다면 효과적일 것이다.

그러니 아이에게 관심을 기울이라. 아이의 말에 귀 기울이라. 가능한 한 함께하는 시간을 자주 가지라. 대화할 만한 분위기일 때 당신이 대화를 원하며 도움을 주고 싶다는 걸 전해 주라. 함께 걸을 때도 좋을 것이다. 눈을 마주칠 필요 없이 얘기할 수 있기 때문이다. 아이를 잠자리에 들게 할 때도 좋을 것이다. 어두운 상태에서는 의미심장한 얘기를 꺼내기가 비교적 쉽기 때문이다.

또한 훈련, 동기 부여, 숙제, 신앙 등과 같은 중요한 주제들에 관해 토론하는 동안과 그 전후에 숙고할 시간을 아이에게 줄 수도 있다. 자녀의 생각을 존중하고, 그 사실을 알려 주는 것은 매우 중요하다.

자녀의 생각과 의견을 물어보는 것도 그들을 존중하는 방법이다. (인간관계 재능 아이들과 마찬가지로 자아 재능 아이들도 자신의 의견이 모두 받아들여지는 건 아님을 이해하는 성숙함이 필요하다.) 당신은 귀를 기울이며 그들의 관점을 이해하려고 노력해야 한다. 물론 이것은 쌍방적이어야 한다. 당신이 자녀들의 결론과 의견을 존중하며 귀 기울이는 만큼, 자녀들도 당신에게 귀 기울여야 한다.

하나님에 대한 신뢰

자아 재능 아이들은 하나님이 그들의 생각을 아신다는 사실을 앎을 통해 유익을 얻는다 시 139:4; 마 9:4. 그 아이들을 영적 대화에 가급적 참여시키라. 당신은 죄 사함에 대해 그 아이들이 확신을 갖도록 도울 수 있고, 아이들의 의문점을 알아낼 수도 있다.

개인 간증이 자아 재능 아이들의 마음을 끌 수 있다. 그 아이들은 교회 예배, 미션스쿨 예배, 주일학교, 학생회 모임 중에 이런 간증들에 깊은 관심을 보이며 강연자의 입장에서 이해하려고 노력할 것이다. 경건한 사람들을 집으로 초대하면 더욱 유익하다. 그들이 하나님, 예수님, 성령님에 관해 얘기를 나눌 때, 당신의 자아 재능 자녀가 깊이 생각하며 배울 것이다. 가족과 함께 있는 편안한 자리에서 당신의 자녀는 중요한 질문들을 기꺼이 물어볼 수 있다. 당신이 자녀를 위해 유익한 얘기를 손님에게 요청할 수도 있다.

능력과 흥미

가족 구성원들 각자의 자아 재능 흥미와 능력에 대해 정확한 결론을 내리기 위해 시간을 내어 아래 도표를 완성하라.

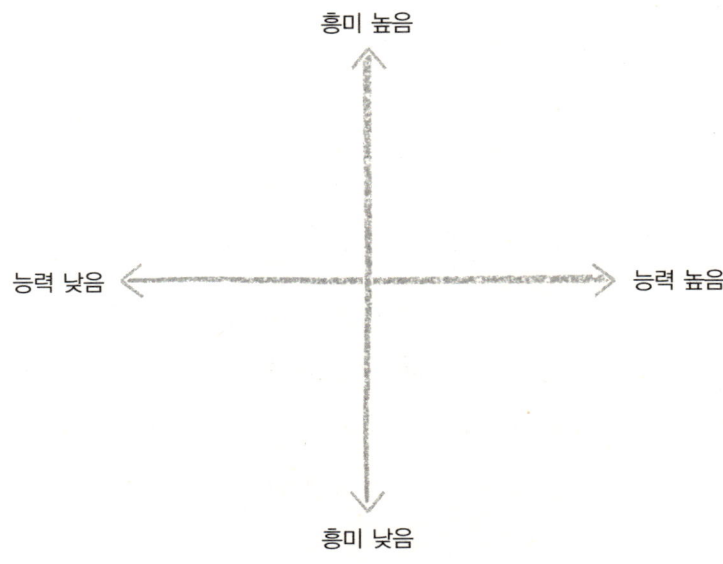

인간관계 재능 강점과 자아 재능 강점의 조화

인간관계 재능과 관련한 도표(9장 끝부분)를 잠시 살펴보라. 그 도표와 위의 도표를 비교해 보라. 가족 중 인간관계 재능과 자아 재능 두 분야 모두에서 높은 능력을 지닌 사람이 있는가? 어쩌면 그는 줄곧 내적 스트레스와 혼란을 겪어 왔을 수 있다. 아마 그는 변덕스러워 상담을 받을 필요가 있다는 지적을 들어 왔을지도 모른다. (두 가지 강점을 모두 구비한 사람들이 모두 그런 건 아니다. 성숙하고 건강한 사람은 적절한 조화를 도모할 줄 안다. 하지만 아이들은 그러기가 쉽지 않다.)

이 점에 대해 종종 나는 이런 식으로 설명한다.

인간관계 재능과 자아 재능이 둘 다 뛰어난 사람이 금요일 저녁 파티를 주도한다고 가정하자. 그는 인간관계 재능을 한껏 발휘해 사람들의 기분을 잽싸게 간파하고 필요한 변화를 요청하기도 한다. 그렇게 근사한 시간을 보낸 후 다음 주 금요일 저녁에도 오겠다고 한다.

한 주 후에 그는 별로 파티에 참석할 기분이 아니지만 약속 때문에 가지 않을 수 없다. 라디오에서 들은 얘기, 교사나 동료의 질문, 주중에 읽은 성경 구절이 그의 자아 재능을 일깨웠을 수 있다. 그는 혼자 조용히 집에 있고 싶을 것이다. 하지만 파티에 참석한다. 이번에는 파티를 주도하는 대신 사람들과 아예 접촉을 하지 않는다.

얼마 후에 한 친구가 다가온다.

"괜찮니? 너무 조용하네."

"괜찮아."

10분 후 그 친구가 "정말 괜찮아? 얘기 좀 할까?" 하고 말한다.

"괜찮아. 신경 쓰지 마."

10분 후에 같은 친구가 다시 묻는다.

"혹시 기분 나쁜 일 있니? 왠지 거리감이 느껴지네."

"괜찮다고 했잖아! 나 좀 혼자 있게 해줘!"

이처럼 인간관계 재능과 자아 재능이 둘 다 강점인 사람은 자신과 다른 사람들을 혼란스럽게 만들 수 있다. 어떤 때는 사람들에게 적극적으로 다가가고, 어떤 때는 자신의 내면에 깊이 잠겨 버린다. 그들은 사람들과 함께 있어도 편하고, 혼자 있어도 편하다. 따라서 때로는 어디로 가야 할지, 어떤 모습이어야 할지 알 수가 없다.

이 내적 갈등에 대해 학생들에게 가르칠 때, 자신을 이해할 수 있게 도와줘서 고맙다며 울먹이는 아이들이 많다. 그들은 자신이 미쳤거나 아픈 줄로 생각했다고 하면서, 그들에게 일관성 없고 이해하기 힘들다며 불평하는 친구, 부모, 형제자매와 많은 갈등을 빚었다고 말한다.

이 현상을 설명할 때 "우리 엄마가 꼭 그래요!" 하고 외치는 아이들도 있다. 그러면 다른 아이들이 웃음을 터뜨린다. 그 아이들 역시 자신의 엄마나 아빠도 두 가지 강점을 모두 갖고 있다고 생각한다.

십대들은 자신에게 문제가 있는 줄로 생각했다고 말한다. 어느 날은 집에 들어가면 엄마가 그날 있었던 모든 일에 대해 듣길 원한다.

그런데 다음날에는 엄마가 "나중에 얘기해. 그렇게 할 일이 없니?"라고 쏘아붙인다.

  이런 얘기를 들으면, 나는 여러 가지 요인들이 이처럼 다른 반응을 야기할 수 있음을 이해시키려고 노력한다. 인간관계 재능 강점과 자아 재능 강점을 동시에 지녔을 경우도 그 요인들에 포함된다. 이 아이들은 엄마가 화를 내는 것이 반드시 자신의 잘못 때문은 아님을 알게 된다.

  이제 그 아이들은 엄마 아빠가 자아 재능에 치중된 상태라고 판단되면 대화를 자제하고, 엄마 아빠의 인간관계 재능이 두드러진다고 판단되면 대화를 시도할 줄 안다. 얼마나 유연한가!

How Am I Smart? 결론

다중지능을 파들어 가면서 귀중한 금괴들을 발견했는가? 그랬기를 바란다. 어쩌면 당신은 큼지막한 보석들을 찾아냈을지도 모른다. 당신과 자녀들에게 재능들을 주신 관대하신 하나님을 찬양하라.

각 장 끝의 도표가 도움이 되었으면 한다. 만일 한 자녀가 높은 능력과 높은 흥미 쪽에 치우쳤다면 과도한 기대나 교만이 작용한 건 아닌지 자문해 보길 바란다. 반대로 한 자녀가 낮은 능력과 낮은 흥미 쪽에 치우쳤다면 그 아이에 대한 부정적 시각이 작용했을 수도 있다. 그것은 오해나 편견일 수 있다. 아이가 매우 어릴 경우에는 특히 그렇다.

당신의 평가가 정당한지 하나님께 여쭤보라. 또한 당신이나 다른 사람들에 의해 혹시 아이들의 지능들이 마비되지는 않았는지 하나님께 여쭤보라. 당신의 눈을 여셔서 어떤 지능들을 일깨워야 하는지를 알려 주시라고 간구하라.

더 많은 자료들

웹사이트(www.CelebrateKids.com)를 참조하면 유익한 자료들이 있다. 도표를 여러 개 그려두고 자녀들의 흥미와 능력이 바뀔 때마다 새로 작성해 보라. 각자의 도표 하나에 8가지 재능 모두를 표시해 보는 것도 좋다. 가족 한 명 한 명의 특성을 잘 보여 줄 것이다.

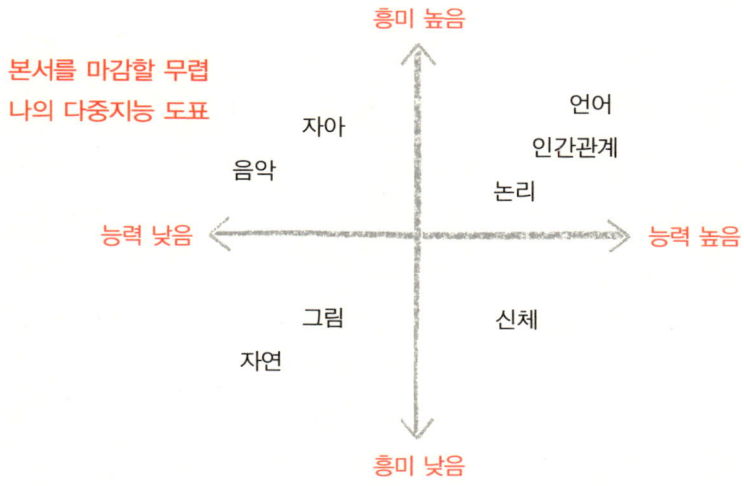

당신의 자녀는 유일무이한 기적적인 존재다. 유익하게 양육하고, 하나님의 창조 목적에 걸맞은 존재가 되도록 자유를 허용하며, 자제력과 자신이나 다른 이들에 대한 존중심을 간직하도록 가르칠 때 자녀들이 성공적인 삶을 살 수 있다. 진심으로 권한다. 단지 자녀들의 학습일에 대해서가 아니라 그들의 존재에 대해 항상 격려하라. 당신과 자녀들이 주어진 재능을 충분히 발휘하길 기원한다!

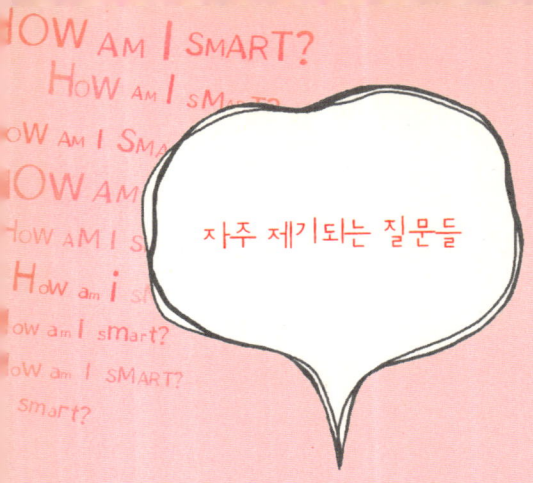

자주 제기되는 질문들

Q. 자녀의 각 지능이 어느 정도인지 판단할 수 있는 테스트가 있는가?

A. 다중지능의 아버지 하워드 가드너 박사가 인정하는 테스트는 없다. 따라서 나 역시 그런 테스트는 없다고 본다. 하나의 테스트로 8가지 지능을 측정하는 건 무모하다. 테스트 과정에서 언어 재능과 논리 재능이 주로 사용되어야 하기 때문이다. 내 생각에는 8가지 재능 각각을 위해 몇 개의 독자적인 테스트들이 고안될 수 있을 것이라고 본다. 그러면 각 재능의 모든 국면이 분석될 수 있다. 하지만 이 같은 평가를 내리려면 시간과 돈이 많이 들 것이다. 그릇된 분류와 비난이 야기될 것을 우려해 테스트를 반대하는 하워드 가드너의 입장에 나는 동의한다. 우리는 이 재능들을 개인들을 범주화하는 방편으로 이용하기보다는 학습에 활용하도록 강조함으로써 학업 성적이 향상되는 아이들이 더 많아지게 해야 한다.

Q. 사분면 도표 외에 자녀의 지능적 강점을 평가하는 데 사용할 수 있는 다른 도표들이 있는가?

A. 있다. www.CelebrateKids.com에서 원하는 도표들을 다운로드

해서 사용할 수 있다. 참고로, 영문으로 된 내용이다.

Q. 다른 지능들이 발견될 가능성이 있는가?

A. 2006년에 하워드 가드너는 '실존 지능'의 존재 가능성에 대한 글을 쓴 적이 있다. 그는 아직도 실존 지능을 잠정적인 것으로 본다. 이 지능을 가리켜 그는 "현상들 혹은 무한하거나 극소한 것과 같이 지각하는 지식 너머에 있는 물음들을 정관하는 능력"이라고 정의한다.[1] 이것이나 다른 강점들이 그의 엄격한 판단 기준에 따라 지능의 하나로 인정될지에 대해서는 좀더 지켜봐야 할 것이다.

Q. 다중지능의 강점들은 성별이나 문화의 영향을 받는가?

A. 그럴 수 있지만 공식적인 측정법이 없기 때문에 어느 성별이나 문화가 특정 강점을 더 갖고 있다고 단정할 수는 없다. 이 점에 대해서도 나는 가드너 박사와 의견이 같다. 그룹들 간에 차이가 있다는

---

[1] Moran, S., Kornhaber, M., & Gardner, H. (2006). Orchestrating Multiple Intelligences. Educational Leadership, 64(1), 25.

HOW AM I SMART?
HOW AM I SMART?
HOW AM I SMART?
HOW AM I SMART?
HOW AM I SMART?
How am I SMART?
How am I smart?
How am I smart?
I smart?

생각은 섣불리 분류하고 판단하는 과오를 야기할 수 있다. 또한 지능 때문이라고 판단된 차이들이 실제로는 학습 스타일, 성격, 영적 은사 때문일 수 있다. 앞에서 언급했듯이, 그림 재능에 뛰어난 사람은 그렇지 않은 사람보다 아시아의 언어를 더 쉽게 배우는 듯하다. 하지만 이 사실이 아시아인들이 다른 인종들보다 그림 재능에 더 뛰어남을 뜻하는 것은 아니다.

Q. 십대 자녀들이 데이트를 시작하고 있다. 자신의 재능을 알면 이성교제에 도움이 될까?

A. 분명히 도움이 된다. 자녀들이 자신의 지능적 강점을 파악하도록 도운 후에, 그 강점이 인간관계에 어떤 유익을 미칠 수 있는지 함께 토론할 수 있다. 예를 들어 만일 딸이 자연 재능에 탁월하다면, 레스토랑에 앉아 있기보다는 공원을 걸으면서 얘기하자고 남자친구에게 요청할 수 있다. 아들이 그림 재능에 탁월하다는 것을 안다면, 당신은 아들의 데이트를 조언해 줄 수 있다. 물론 아들이 여자친구의 강점을 알고 있다면 그녀를 존중하는 방식을 제의할 것이

다. 당신의 자녀의 지능적 강점들을 악용해 해를 끼치는 사람이 있을 수 있다는 것을 함께 이야기할 수도 있다. 예를 들어 당신의 딸이 언어 재능 강점이 있다는 것을 아는 남자친구가 달콤한 말로 꼬드겨서 당신의 딸이 원하지 않는 일을 하게 만들 수 있다. 만일 당신의 아들이 신체 재능 강점을 지니고 있고 감촉과 행동을 통해 생각한다는 것을 아들의 여자친구가 파악했다면, 그녀는 그의 경계를 허물기 위해 신체 접촉을 이용할 수 있다. 데이트는 중요한 일이므로 자녀와 함께 여러 가지 시나리오를 짜보라. 대개 우리는 감정에 치우치기 쉬운 일을 시작할 때 두뇌도 충분히 활용할 것을 아이들에게 가르친다.

생명의말씀사

사 | 명 | 선 | 언 | 문

> 너희가 흠이 없고 순전하여……세상에서 그들 가운데 빛들로
> 나타내며 생명의 말씀을 밝혀 (빌 2:15-16)

1. 생명을 담겠습니다.
만드는 책에 주님 주신 생명을 담겠습니다.
그 책으로 복음을 선포하겠습니다.

2. 말씀을 밝히겠습니다.
생명의 근본은 말씀입니다.
말씀을 밝혀 성도와 교회의 성장을 돕겠습니다.

3. 빛이 되겠습니다.
시대와 영혼의 어두움을 밝혀 주님 앞으로 이끄는
빛이 되는 책을 만들겠습니다.

4. 순전히 행하겠습니다.
책을 만들고 전하는 일과 경영하는 일에 부끄러움이 없는
정직함으로 행하겠습니다.

5. 끝까지 전파하겠습니다.
모든 사람에게, 땅 끝까지, 주님 오시는 그날까지
복음을 전하는 사명을 다하겠습니다.

생명의말씀사 서점안내

광화문점 110-061 종로구 신문로 1가 58-1 구세군 회관 2층
TEL. (02) 737-2288 / FAX. (02) 737-4623

강 남 점 137-909 서초구 잠원동 75-19 반포쇼핑타운 3동 2층 전관
TEL. (02) 595-1211 / FAX. (02) 595-3549

구 로 점 152-880 구로구 구로 3동 1123-1 3층
TEL. (02) 858-8744 / FAX. (02) 838-0653

노 원 점 139-200 노원구 상계동 749-4 삼봉빌딩 지하1층
TEL. (02) 938-7979 / FAX. (02) 3391-6169

분 당 점 463-824 경기도 성남시 분당구 서현동 269-5 서원프라자 서현문고 서관 4층
TEL. (031) 707-5566 / FAX. (031) 707-4999

신 촌 점 121-806 마포구 노고산동 107-1 동인빌딩 8층
TEL. (02) 702-1411 / FAX. (02) 702-1131

일 산 점 411-370 경기도 고양시 일산구 주엽동 83번지 레이크타운 지하 1층
TEL. (031) 916-8787 / FAX. (031) 916-8788

의정부점 484-010 경기도 의정부시 금오동 470-4 성산타워 3층
TEL. (031) 845-0600 / FAX. (031) 852-6930

파 주 점 413-012 경기도 파주시 금촌 2동 68번지 송운빌딩 2층
TEL. (031) 943-6465 / FAX. (031) 949-6690

인터넷 서점
http://www.lifebook.co.kr